Gitano
AS VIDAS DO CIGANO RODRIGO

Querido leitor(a).
Desejo, sinceramente, que este livro lhe traga muita paz, conhecimento, felicidade, equilíbrio e amor.

OSMAR
BARBOSA
Pelo Espírito do Cigano Rodrigo
Gitano
As Vidas do
Cigano Rodrigo
BOOK
ESPÍRITA
EDITORA

OSMAR
BARBOSA

PELO ESPÍRITO DO CIGANO RODRIGO

Book Espírita Editora

3ª Edição

| Rio de Janeiro | 2017 |

Gitano

AS VIDAS DO CIGANO RODRIGO

BOOK ESPÍRITA EDITORA

ISBN: 978-85-69168-00-3

Capa
Marco Mancen | www.marcomancen.com

Projeto Gráfico e Diagramação
Marco Mancen Design Studio

Ilustrações do miolo
Manoela Costa

Revisão
Josias A. de Andrade

Marketing e Comercial
Michelle Santos

Pedidos de Livros e Contato Editorial
comercial@bookespirita.com.br

3ª Edição: 15.000 exemplares
Prefixo Editorial: 69168
Impresso no Brasil

BOOK
ESPÍRITA
EDITORA

~

Outros livros psicografados por Osmar Barbosa

~

Cinco Dias no Umbral

O Guardião da Luz

Orai & Vigiai

Colônia Espiritual Amor & Caridade

Ondas da Vida

Joana D'Arc – O Amor Venceu

Antes que a Morte nos Separe

A Batalha dos Iluminados

Além do Ser – A História de um Suicida

500 Almas

Eu Sou Exu

Cinco Dias no Umbral – O Resgate

Entre Nossas Vidas

O Amanhã nos Pertence

O Lado Azul da Vida

Mãe, voltei!

Agradecimento

Agradeço, primeiramente, a Deus por ter me concedido esse dom, esse verdadeiro privilégio de servir humildemente como um mero instrumento dos planos superiores.

Agradeço a Jesus Cristo, espírito modelo, por guiar, conduzir e inspirar meus passos nessa desafiadora jornada terrena.

Agradeço ao Cigano Rodrigo pela oportunidade e por permitir que estas humildes palavras, registradas neste livro, ajudem as pessoas a refletirem sobre suas atitudes, evoluindo.

Agradeço, ainda, a minha família, pela cumplicidade, compreensão e dedicação. Sem vocês ao meu lado me dando todo tipo de suporte, nada disso seria possível.

Agradeço a todos da Fraternidade Espírita Amor & Caridade pela parceria nesta nobre e importante missão que, juntos, desempenhamos todos os dias com tanta devoção.

E agradeço a você, leitor, que comprou este livro e com sua colaboração nos ajudará a conseguir levar a Doutrina Espírita e todos os seus benefícios e ensinamentos para mais e mais pessoas.

Obrigado.

A todos, os meus mais sinceros agradecimentos.

Osmar Barbosa

Conheça um pouco mais de Osmar Barbosa

www.osmarbarbosa.com.br

Todos os dias tens a oportunidade de evoluir, amar, superar e abrilhantar sua existência. Basta acreditar que és especial e dotado de sentimentos virtuosos, depositados por Deus no íntimo do seu "ser" essencial.

A busca destas virtudes depende do adubo
onde é cultivada a semente do amor.

Se o adubo nascer de um lindo amanhecer interior, terás uma boa colheita.
Mas se este adubo for de um dia tempestuoso, colherás
o reflexo do desequilíbrio no decorrer dos seus dias.
Adube seu interior com sabedoria, semeie alegria, faça florescer
e frutificar a mais bela árvore do Jardim de Deus.

Pois uma boa árvore com belos frutos oferece a ti e ao próximo
alimentos virtuosos que preenchem o corpo, a alma e a mente.

Cigano Rodrigo

A missão do médium é o livro.
O livro é chuva que fertiliza lavouras imensas, alcançando milhões de almas.

Emmanuel

Sumário

A Viagem

Porque Deus amou o mundo de tal maneira que deu o seu filho unigênito, para que todo aquele que n'Ele crê não pereça, mas tenha a vida eterna.

João, 3:16

Nevşehir, ano 296

* * *

O SÁBIO E EXPERIENTE CIGANO DE NOME RUÍ coordenava a caravana de ciganos liderada e comandada por ele. Estavam seguindo em uma viagem de fuga da terrível epidemia de febre que assolou o centro-leste das terras turcas, então conhecida como região de Anatólia. Seu rosto trazia um bronzeado incrustado pelo sol incansável das décadas vividas em meio ao desértico cenário turco. As rugas profundas pareciam se confundir com as fendas abertas no solo árido. Eram como linhas que traziam escritas ali a sua história de vida. A cada sofrimento, um aprendizado. Cada perda, uma aula a mais na escola da vida. Cada dor, um passo na evolução. Cada lágrima, um caminho, uma descoberta. A cada gota de sangue cigano derramado, uma luta.

Vamos, Rodrigo. Temos que seguir rapidamente. Precisamos chegar à próxima parada antes do anoitecer, que já ameaça surgir no horizonte ao longe. Observe, meu filho.

– Sim, meu pai, vou galopar até o final da caravana para orientar o grupo que vem na retaguarda das fileiras.

– Señores cavaleiros, conduzam os cavalos adelante, não podemos perder nem mais um minuto. Precisamos de força máxima.

– Estamos indo, señor; estamos acompanhando. Vamos!

– Vamos cavaleiros!

Depois de retornar a galope vindo do agrupamento final da caravana, que segue ao final da grande fila composta por cavalos e carroças trazendo os mantimentos e as crianças e mulheres mais idosas, Rodrigo conversa com o pai enquanto cavalgam:

– Pai, em que cidade iremos descansar à noite?

– A ideia é descansarmos na província de Kirşehir, meu filho.

– Dormiremos lá esta noite?

– Sim, filho, depois seguiremos firme até a terra dos cavalos, a região da Capadócia, próxima à Anatólia Central. Você se recorda que um dia prometi que lhe levaria à terra dos cavalos? Pois esse dia está próximo de chegar, mi hijo querido.

– Sim, meu pai, recordo sim, como se fosse hoje.

– Então, chegaremos lá em alguns dias, isso no caso de não termos nenhum problema com os cavalos ou outros pormenores no caminho.

– Quanto tempo a gente vai ficar lá, pai? Estou muito ansioso para conhecer a Capadócia e seus cavalos magníficos.

– Ficaremos por um tempo, meu filho. É o que prevejo. Mas já tivemos experiências na vida que nos mostraram duramente que tudo pode acontecer, não é mesmo? Não podemos prever os caminhos que a vida nos leva a seguir, há uma força superior que rege tudo.

– É verdade... obrigado, meu pai, por me trazer nesta incrível jornada por essas terras repletas de aventura. Sinto-me muito feliz por fazer parte deste grupo de cavaleiros, e por ser seu filho. Ficarei o tempo que for necessário ao seu lado, seguindo suas orientações e buscando minha evolução junto a ti e junto do grupo.

– Meu querido filho Rodrigo, me enche de orgulho seu discernimento diante da vida. Tão jovem e tão maduro. Me reconforta saber que um dia passarei o comando da caravana para mãos firmes e conscientes de seu papel. Essas terras que estamos nos embrenhando são melhores em relação às que já cruzamos. Não há tanta possibilidade de doenças, pois já perdemos boa parte de nossos homens, mas agora teremos uma jornada diferente.

– Será tudo diferente, pai. Há pouco tempo perdemos minha querida mãe na Armênia. Mas agora é diferente.

– Sim, hijo, sei que sentes muitas saudades dela.

– Sim, ainda sinto a falta de minha querida mãe. Mas como o senhor mesmo diz: "Se quer um dia ser o líder de nosso grupo, tem que pensar como homem adulto e de fé". Apesar de minha pouca idade, muito tens me ensinado, o que me conforta e me dá forças para seguir em frente.

– Rodrigo, quando chegarmos à Capadócia irei lhe passar mais conhecimentos da magia cigana que corre aventureira em nossas veias. Você conhecerá ainda mais a força que temos no peito.

– Meu senhor, não vejo a hora de, juntos, ajudarmos nosso povo a viver em paz, sem perseguições, tirania ou enfermidades fatais.

– Sim, meu filho, somos nômades. Não temos prendimento nenhum às coisas materiais. Nosso caminho é uma trilha de luz em constante equilíbrio com as forças da natureza. É isso que venho lhe ensinando. Afinal, para que acumularmos coisas se temos as próximas vidas pela frente, nas quais podemos nos ajustar e melhorar ainda mais?

– Obrigado, meu pai. Já aprendi a encantar os cavalos e isso já faz de mim um grande cavaleiro entre os demais de nosso povo.

– Nasceste com esse dom e deveis cultivá-lo por toda a eternidade. Os animais se encantam naturalmente com vossa presença e isso é uma dádiva para poucos. Faz com que os outros te respeitem. É o que te diferencia dos demais.

– Sim, meu pai, serei sempre grato por teus ensinamentos.

– Vamos, filho. Vamos em frente.

A falange de ciganos liderada por Ruí, pai de Rodrigo, escapou da Armênia enfrentando o desafio de viajar por estradas sinuosas e muito perigosas.

Bandos de saqueadores e estupradores de mulheres e crianças vivem escondidos nas matas e nas cavernas espalhadas pelo caminho que os leva até a Capadócia. Ruí, com toda sua experiência e firmeza, lidera e conduz o grupo de cento e sessenta e nove ciganos, incluindo suas esposas e filhos. Seu filho Rodrigo, seu companheiro de todas as horas, e sua filha Tirá, joia preciosa que cuida com esmero, acompanham o pai após a perda da mãe, Sonja Tiid, por doença impiedosa: a febre que assolou toda a região. Apesar dos conheci-mentos que Ruí acumulou na vida sobre o uso de ervas medicinais e mantras de cura, não obteve resultado e parte do grupo acabou morrendo. A saída para evitar mais perdas foi migrar para outro lugar. Ruí definiu que seria a Capadócia o destino do grupo. Tendo como filho o maior encantador de cavalos da Armênia, decidiu que o levaria para conhecer a "Terra dos Cavalos".

Pelas estradas e vielas em meio ao deserto, todos estão a fugir desta grande epidemia de febre que vem matando milhares de pessoas em todo o território turco. Só do grupo de Ruí, foram quarenta e cinco ciganos desencarnados. Os saqueadores e malfeitores então aproveitam que as estradas estão com movimento intenso de caravanas para agir e aterrorizar famílias já tão sofridas. Eles também são fugitivos da praga, o que não impede de se aproveitarem do desespero alheio para fazer o mal. Atacam os grupos para roubar joias, armas, roupas, cavalos, comida e atacar as mulheres, principalmente as mais novas.

Ruí já começava a sentir o peso da idade avançada. Por isso, já estava preparando o seu filho Rodrigo para assumir o controle do grupo. Ele sentia que restavam apenas poucos anos de vida e seguia a ensiná-lo as tradições, os costumes e a magia que herdou de sua mãe, Sutrein Marrai. Conhecido por suas curas, Ruí sentia-se derrotado pela febre, o que o fez fugir para longe da epidemia.

Rodrigo nasceu na cidade de Erevan, às margens do rio Hrazdan, na Armênia. Desde sua adolescência exibe belos cabelos longos, lisos e negros, emoldurando olhos azuis grandes e penetrantes, que parecem ler sua alma em poucos segundos. Costuma sempre usar muitos colares e pulseiras, artesanatos repletos de energias, criados pelas ciganas de sua tribo, que adoram presenteá-lo, pois conhecem a grande vaidade do rapaz.

Desde os sete anos de idade aprendeu a cuidar dos cavalos da tribo. Com o tempo, passou a domá-los e encantá-los. Logo se destacou pela facilidade que sempre teve em converter animais selvagens e perigosos em doutrinados e amigáveis. Um genuíno encantador de cavalos. Uma paixão que ficou evidente desde menino. Hió é o seu cavalo e grande companheiro. Cavalo branco com crinas longas e tratadas como nenhum outro. Lindo como nunca visto igual.

Rodrigo dedica-se aos cuidados de seu animal com muito carinho, companheiro inseparável desde sua tenra infância. Filho da égua Naja, Hió foi presenteado a Rodrigo pelo melhor amigo e companheiro de seu pai, Manuel, que hoje é o homem de confiança de Ruí e responsável pela chefia de segurança do grupo. Ruí e Manuel não são irmãos de sangue, mas de alma, companheiros inseparáveis na intensa e desafiadora vida cigana.

* * *

Chegando a um belo e amplo vale com lindas árvores e algumas cavernas, os batedores decidem influenciar Ruí a passarem a noite nesse local.

– Meu senhor, estamos a dois dias de Kirşehir, podemos repousar naquelas cavernas à frente, o que você acha? Nosso batedor nos informa que estão abandonadas e que o lugar é seguro.

– Sim, Kalar, é um bom lugar para repousarmos. Pode baixar.

– Onde está Manuel?

– Está mais à frente junto com os batedores.

Ruí ordena a Rodrigo que monte em seu cavalo e vá avisar aos que estão mais à frente.

– Rodrigo, vá adelante e avise a todos que iremos repousar nas cavernas.

– Sim, meu pai.

Galopando de forma intensa, Rodrigo percorre rapidamente a estrada de terra batida, formando uma densa nuvem marrom que parecia acompanhar o galopar. As longas madeixas brancas da crina do cavalo se misturavam com seus cabelos negros. Homem e cavalo pareciam formar um só corpo, unidos em espírito pelo sangue gitano, tal a vibração, a desenvoltura e a naturalidade com que Rodrigo montava Hió.

Chegando próximo ao grupo da frente, Rodrigo informa que Ruí havia definido o local de repouso, ao menos para aquela noite. Pede a alguns companheiros para procurarem lenha e organizarem as fogueiras para aquecer a noite de todos.

O acampamento é rapidamente erguido, pois tudo é muito bem organizado entre os ciganos, todos possuem tarefas definidas no grupo. Enquanto alguns organizam os mantimentos e bagagens, outros se dedicam a providenciar as fogueiras para aquecer e preparar o jantar e outro grupo monta guarda, garantindo a segurança do grupo. As mulheres de idade mais avançada se empenham no preparo das refeições, enquanto as meninas arrumam as barracas e camas para as crianças menores. Outra parte do grupo, que segue na frente, é responsável por encontrar água potável. A primeira barraca a ser montada é a de Ruí, no centro do acampamento. Mulheres e crianças são alojadas nas poucas cavernas em condições de abrigá-las.

Rodrigo é o responsável pelos animais, auxiliado por Ângelo, seu fiel companheiro. Ângelo o auxilia a levá-los para comer e beber. Depois, todos são escovados e colocados em um cercado, erguido especialmente para oacampamento, montado com cordas, para que ali permaneçam durante toda a noite e descansem. Sem descuidar um só momento de suas tarefas, Rodrigo é muito respeitado por todos. Sua responsabilidade e postura com os animais, e diante de todos do grupo o firmaram como um líder natural.

Sempre gentil e atencioso. Um jovem que nunca teve receio de demonstrar seus sentimentos, mesmo nas mais desafiadoras ocasiões. Na tribo, muitos acreditam que ele nutre dons especiais desde a infância. Isso porque, desde menino, sempre conversou com seres amigos e iluminados que somente ele via. Eram espíritos mentores que acompanhavam o grupo. Um dos mentores espirituais do grupo de ciganos acompanha Rodrigo desde suas encarnações anteriores.

Seu comportamento de homem maduro e íntegro, apesar de jovem, o faz ser muito admirado entre os homens. Querido por todos. Suas palavras são sempre colocadas de forma a estimular as pessoas a buscarem a felicidade a todo tempo, independentemente das dificuldades ou adversidades que se impõem em nossas vidas. Suas atitudes e comportamento são sempre motivacionais e inspiram cada um dos ciganos do grupo pelo exemplo de postura e determinação. É também muito admirado por todas as meninas da tribo, além dos pais, pois todos querem tê-lo como genro. Chegam a oferecer fortunas pelo dote, pois esse é um hábito entre os ciganos. Mas Rodrigo, sempre que procurado por seu pai para conversas desse tipo, diz-se jovem ainda e que, no momento certo, saberá que é hora de tomar a decisão tão esperada por todos do grupo. Após o jantar, alguns se recolhem em suas barracas para descansar. Outros ficam em volta da fogueira, onde alguns ciganos organizam uma música rudimentar e bem típica. Há instrumentos fabricados pelos próprios ciganos, incluindo uma viola *gipsy* bem característica, cunhada no tronco de uma *dalbergia sissoo*, popularmente conhecida no Brasil como *jacarandá.*

Com o avançado da hora, Ruí já repousava em sua barraca quando foi chamado por Manuel, que estava de plantão naquele momento a vigiar o descanso de todos:

– Ruí, temos um problema.

– Fala, Manuel! O que passa, hombre? Por que estás assim esbaforido?

– Ruí, um grupo de homens está vindo pela trilha do sul.

– Alerte agora mesmo a todos. Vamos nos posicionar na formação de perigo à vista.

– Sim, meu senhor.

Todos são postos em prontidão. Rodrigo é acordado por Ruí.

– Rodrigo, acorde, chame sua irmã sem fazer alarde e fique em estado de alerta absoluto, estamos em formação de perigo iminente.

– O que houve, pai?

– Um grupo está se aproximando de nós.

– Pode deixar. Vou acordar Tirá e levá-la para a cabana das mulheres mantendo a guarda na frente junto com os guardiões.

– Faça isso, meu filho. E cuidado.

– Pode deixar, pai.

Rodrigo sai discretamente pela parte de trás da barraca, acorda sua irmã e a leva para ficar numa barraca muito próxima à sua, onde dormem as mulheres solteiras, as adolescentes e as mais idosas. As fogueiras são apagadas e todos os homens ficam atentos à chegada do grupo desconhecido. Com punhais em mãos, além das espadas e lanças afiadas que estão de prontidão, o grupo fica em silêncio, entocado por detrás das pedras e de alguns arbustos com folhas amareladas pelo sol. A alguns metros do grupo os forasteiros são interpelados por Ruí.

– Alto lá, desconocidos! Parem neste momento. Que passa, hum? Quem são ustedes? De onde vens?

– Boas-noites, companheiros, somos homens e cavaleiros de bem. Somos cristãos e fugimos da febre com nossas famílias.

– Como te chamas?

– Chamam-me Lúcios.

– Pare onde estás. Por que continuam avançando se já ordenei que parassem?

– Desculpe-nos, señor. Viemos em paz. Precisamos de água para nossos animais. Estamos insalubres.

– Fique onde está que iremos ao seu encontro.

Lúcios está à frente de um grupo com cerca de vinte homens. Todos param seus cavalos e esperam a aproximação de Ruí, acompanhado do grupo de contenção que o acompanha sempre com Manuel ao seu lado.

– Buenas noches!

– Boas-noites, amigos! Estamos há alguns dias viajando e nossos animais precisam de água, descanso e alimento. Perdoe-nos pela intromissão e pela hora, mas estamos a fugir de salteadores. Meus homens estão fracos e cansados das batalhas, não viemos incomodá-los. Só precisamos de descanso em lugar seguro. Já pudemos ver que vós sois ciganos, e não gladiamos com ciganos.

– De onde vens?

– Estamos em longa viagem partindo de Istambul.

– E por que saíram de lá?

– Parte de nossa gente foi massacrada numa batalha, outro tanto foi assolado pela febre. Decidimos fugir para viajarmos para junto de nosso povo. Estamos a caminho da Capadócia. Temos muitos parentes e amigos por lá.

– Quantos são em seu grupo neste momento?

– Somos sessenta e sete entre homens, mulheres e crianças. Estamos precisando muito de uma mão cristã estendida, um abrigo, alguma água e alimentos.

– Venha, chame seu grupo, vamos nos sentar à fogueira.

– Obrigado, senhor, muito obrigado. Nem sei como podemos agradecer tamanha benevolência de sua parte e de seu grupo.

Lúcios desce do seu cavalo junto com seis companheiros. O restante do grupo fica a esperar por ordens. Caminham até a barraca de Ruí, onde há um pouco mais da luz das tochas.

– Sentemos.

– O senhor, como se chama?

– Chamam-me Ruí. Sou o cigano líder desta caravana. Você tem algum problema com ciganos?

– De forma alguma, Señor. Conheço a história de vocês.

– Obrigado, senhor Ruí por sua acolhida, muito obrigado.

– Manuel, dê alimento e água a este povo. Rodrigo, trate dos animais de nossos amigos.

– Sim, pai. Pode deixar.

– Chame Madalena e peça, por favor, que prepare alimento para todos.

– Sim, meu senhor.

– Mais uma vez agradeço a acolhida e o alimento.

– Sem problemas, companheiro. Que venham todos, se alimentem e descansem.

– Obrigado, senhor.

– Ordene que seus homens chamem o resto de seu grupo para descansarem e comerem. Por ora, vocês podem ficar conosco.

– Sim, senhor Ruí, muito obrigado.

Lúcios autoriza seus homens a buscar o resto do grupo, que está a pouca distância, esperando por orientações.

As fogueiras são mantidas acesas enquanto Ruí convida as senhoras do povo visitante a sentar-se e alimentar-se. As crianças são agasalhadas e convidadas a dormirem nas barracas infantis da tribo de Ruí. Toda a tribo se movimenta para acolher os visitantes, dando-lhes conforto e acolhimento necessários naquele momento.

– Então, amigo Lúcios, estás a fugir? Conte-me um pouco de sua história.

– Senhor Ruí, somos um povo pacato, seguidores do Cristo Jesus. Fomos atacados por salteadores, liderados por um tirano de nome Júlio, que saqueou nossa aldeia, matando nossos líderes e roubando algumas de nossas esposas e crianças.

Muitos foram assassinados na nossa frente. Minha mãe e meu pai morreram nessa batalha, conseguimos fugir e desde então, estamos a vagar por essas estradas. Agora decidimos ir para a Capadócia, pois dizem que lá existem condições para recomeçar uma vida digna.

– Estamos também indo para a Capadócia. Prometi a meu filho que o levaria lá, depois que sua mãe morreu, vítima da praga que matou muitos de nossa tribo.

– Entendo, meu senhor. Nós também fomos atingidos pela febre, muitos do que estão na estrada são fugitivos dela.

– Meu filho é meu sucessor no comando de nossa tribo. Estou preparando-o para a nobre, porém árdua missão, de Rei dos Ciganos.

Rodrigo aproxima-se.

– Veja. Este é meu filho.

– Olá, jovem, como vai?

– Estou bem, senhor. Obrigado por perguntar. Pai, todos os cavalos já estão alimentados e agora descansam, já que o dia foi intenso e desgastante para eles.

– Obrigado, filho. Os animais são nossos irmãos caçulas. Jamais podemos esquecer. Eles merecem toda atenção e cuidados. São membros da tribo como cada um de nós.

– Licença, senhor, vou descansar – diz Rodrigo.

– Lindo menino você tem.

– Sim, sua mãe era uma mulher encantadora. Concedeu-nos este lindo e prodigioso menino e sua irmã Tirá, que está a cuidar da condução da educação dos menores.

– É de verdade uma linda tribo e uma linda família.

– Minha tribo é minha família, companheiro. Bom, a conversa está agradável, mas agora vamos descansar, pois sairemos cedo a caminho da Capadócia.

Após jantarem e conversarem bastante, todos decidem descansar já prevendo o sol e os desafios do dia seguinte. Algumas barracas foram montadas rapidamente para atender a todos que chegaram repentinamente. E todos se puseram a descansar, preparando-se para a viagem do dia seguinte.

Ao amanhecer, todos arrumam suas coisas preparando-se para seguir o caminho para a Capadócia.

– Bons-dias, Ruí!

– Bom-dia, Lúcios! Seguirá conosco à Capadócia?

– Se o amigo não se importa, poderemos seguir juntos.

– Sem problemas, arrume os seus, que sairemos em breve.

– Sim, amigo, iremos juntos.

Lúcios convoca seus companheiros e ordena que todos se ajudem e arrumem suas coisas, e que auxiliem os novos amigos a arrumarem tudo para seguirem viagem.

– Vamos, Lúcios! Reúna seus vigias e batedores para, juntos, traçarmos o melhor caminho a seguirmos – ordena Ruí.

– Sim, Ruí. Vamos traçar uma rota que seja menos perigosa para todos.

– Venha Manuel, vamos ver qual o melhor caminho.

Manuel e dois outros companheiros de Lúcios vão até a barraca principal, ainda de pé, sentam-se em grandes almofadas coloridas e consultam os mapas que trazem consigo para escolher o melhor caminho a seguir.

– Ruí, se não tivermos nenhum problema pelo caminho, estaremos na Capadócia em dois dias. Lá, encontrarei meus familiares; se precisares, siga comigo até eles.

– Amigo, quando chegarmos lá decidiremos o que fazer; agora apronte os cavalos e todos do grupo e vamos enquanto ainda é cedo.

– Vamos, homens!

– Vamos, homens! Desmontem as barracas e vamos partir.

Rodrigo aproxima-se do pai e informa que todos os cavalos já estão prontos para seguirem viagem. Caminha até a carroça de sua irmã e verifica se está tudo em conformidade.

– Sente-se aqui, meu irmão. Parece-me cansado?

– Sim, minha irmã! Não dormi bem esta noite.

– O que houve, sonhaste com nossa mãe?

– Pior, irmã! Fui visitado pelo Anjo. Ele disse-me que seremos atacados por soldados fortemente armados, e muitos de nós serão assassinados por eles.

– *Duvêl* (Deus) nos proteja!

– Foi uma visão horrível, tinha em meus braços nosso pai, assassinado por um soldado.

Tentando conter as lágrimas, Tirá aproxima-se de Rodrigo.

– Querido irmão, esqueça isso; lembre-se que nossa fé nos sustenta e nos protegerá por todos os caminhos. Jesus não nos abandonará! Converse com seu Anjo e peça a ele que interceda junto a Jesus e que nos dê misericórdia!

– Havia muito *raty* (sangue) de todos espalhado pela estrada. Muitos de nossos amigos morriam, penso em conversar com nosso pai e fazer com que ele desista da Capadócia.

–Sabes que nosso pai não levará a sério essas suas visões. Por diversas vezes você tentou avisá-lo e de nada adiantou. Esqueça isso Rodrigo. Confie em nosso pai, ele vai nos levar por caminhos seguros. Ore por favor, ore!

Com o coração apertado, olhos lacrimejantes, Rodrigo toma sua irmã pelas mãos.

– Meu pai mandou você ficar na carroça dele. Venha, vamos!

Tirá abraça Rodrigo, e pegando em suas mãos, conversa com ele para tentar tranquilizá-lo.

– Esqueça isso, irmão! Deus há de nos proteger, até que cheguemos ao nosso destino.

– Sim, tome cuidado e fique atenta a qualquer coisa.

– Pode deixar, estou segura aqui, com Songo.

Tomando sua irmã nos braços, Rodrigo a põe dentro da carruagem. Seu coração sangra numa angústia que o desconforta.

– Songo, tome conta de minha irmã; qualquer coisa estarei à frente, é só me chamar.

– Sim, senhor Rodrigo, pode deixar que vou tomar conta da menina.

– Vamos, estamos todos prontos.

Saindo estrada afora, o grupo segue viagem. Batedores da segurança do grupo seguem na frente para vigiar o caminho a ser seguido. Homens de confiança de Ruí e Lúcios, agora juntos, fazem a segurança de todo o grupo. Tudo transcorre normalmente.

***

Massacre

A vida não se resume a esta vida. A justiça de Deus se manifesta nas encarnações, onde o mal será cobrado pelo mal e o bem resplandecerá nas esferas superiores da evolução.

Frei Daniel de Samarate

* * *

Após um dia de exaustiva viagem para todos, principalmente para as crianças e mulheres, em que o calor e o sol impiedante tornavam-se um dos maiores dificultadores, o grupo seguia sua caminhada se amparando no vigor cigano, que persevera a todo instante.

– Senhor, estamos próximos a Nevşehir. Avistei ao longe um pelotão de soldados a serviço do imperador Diocleciano. Estão a vistoriar minuciosamente todos os que se aproximam da cidade. Montaram uma barreira por onde ninguém passa, entra ou sai do perímetro da cidade.

– Como assim, Manuel? Não será possível.

– Sim, senhor. Por isso não acho seguro tentarmos entrar em Nevşehir neste momento. A Capadócia está fortemente armada e protegida.

– Mas nosso intento não é fazer mal a ninguém. Só queremos iniciar vida nova em um local seguro onde poderemos criar nossos filhos e viver mais tranquilos.

– Meu Senhor Ruí, sabemos de nossa intenção em resguardar o grupo. Mas está muito perigoso tentarmos uma incursão na cidade neste momento. Vi homens sendo presos, humilhados e surrados.

Lúcios interpõe-se ao diálogo, e tomando a frente de todos, profere suas palavras com muita firmeza. Com seus quase dois metros de altura e corpo largo, consegue impor certo respeito. Ao menos, consegue cativar a atenção de todos para então empenhar sua voz grave e experiente diante do grupo.

– Permita-me que eu siga na dianteira de todo o grupo, Señor Ruí. Intercederei junto aos soldados dioclecianos.

Ruí não compreendeu tal sugestão. Para falar a verdade, desconfiou de tamanho destemor ou até uma atitude que beirava a petulância. Afinal, ninguém conhecia ainda, de forma muito aprofundada, aquele grupo que se juntara havia pouco à sua caravana. Ruí então procurou entender melhor as intenções de Lúcios.

– Como assim, Lúcios? Por que seria mais seguro para o grupo se optarmos por esta alternativa que tu propões?

– Ora Señor Ruí, tenho muitos familiares na Capadócia. Logo será mais fácil explicar aos soldados que estamos apenas de passagem em visitas costumeiras às casas de pessoas pelas quais nutrimos carinho e afeição.

Manuel, sempre muito cauteloso, tomado de receios e sentindo o calor do perigo iminente, tenta convencer todos a desistirem de seguir em frente nesta tentativa profundamente arriscada de tentar ludibriar os soldados.

– Vamos permitir que eles investiguem a situação nos portões da cidade. Esperaremos todos aqui até que Lúcios volte com notícias. Estaremos a te esperar, Lúcios. Manuel o acompanhará.

– Senhor? Como assim? Justamente eu que sou contra a tentativa de incursão do nosso grupo?

– Por isso mesmo. Um cigano não conhece o medo e não deve nunca considerá-lo ou respeitá-lo. Devemos sempre enfrentar justamente aquilo que estamos a temer, pois assim evoluímos e tornamo-nos gitanos ainda mais fortes.

Sem questionar seu líder, Manuel olha para o rosto de Lúcios convidando-o apenas com o olhar a seguirem para a missão. Rodrigo abaixa a cabeça sem entender a decisão do pai. Afinal, Manuel é seu padrinho e amigo de seu pai desde a infância. Mas todos respeitavam a visão e os ensinamentos de Ruí, mesmo que discordassem.

O grupo então parte com alguns batedores na direção dos limites da cidade da Capadócia, de onde já se consegue avistar os grupamentos militares em cordões de isolamento. Sapphire, esposa de Manuel, está aos prantos abraçada com seus três filhos. Grita desesperada sem entender a missão que seu marido tinha que cumprir. Ruí ordena que o grupo se organize em acampamento para aguardar o retorno dos incursores que seguiram em missão de sondagem.

Afastando-se da estrada, para evitar surpresas noturnas, o grupo faz as fogueiras onde cozinharão as raízes e o tradicional chá cigano. Todos são vegetarianos, não se alimentam de carne de nenhuma espécie. Consideram os animais seus semelhantes e os respeitam como uma vida a mais encarnada. Só comem frutas, legumes, raízes, ervas, pães e pastas derivadas de trigo e das sementes locais.

Ruí aproxima-se de Rodrigo e ordena que cuide de tudo.

– Rodrigo, cuide dos cavalos e dê de beber e comer aos animais. Cuide do cavalo Jocirat que se machucou nas pedras da estrada.

– Pode deixar, pai, já estou a cuidar dos animais, principalmente de Jocirat. Ele já está medicado com as ervas e enfaixado. Mas pai, eu precisava conversar com o senhor. Preciso falar-te de uma visão que tive ontem à noite enquanto todos dormiam.

– Sim, claro, mas espere um pouco, filho; deixe-me terminar de organizar o grupo e conversamos.

Ruí parte com seu cavalo e organiza todo o acampamento, ordenando os afazeres e anunciando que passariam a noite naquele lugar. Orienta seus homens a procurem madeira e água e volta-se para ajudar na montagem de uma das barracas, pois como líder Ruí sabia da importância de não deixar de ajudar nos trabalhos corriqueiros. Rodrigo se aproxima novamente, ainda mais nervoso. A tensão ficava evidente em sua pálpebra esquerda, que tremia enquanto olhava nos olhos de seu pai. Os lábios, não menos trêmulos, tentaram explicar a Ruí que ele precisava falar-lhe imediatamente. Rodrigo não conseguia de forma alguma esconder sua preocupação e mostrava-se muito consternado com os acontecimentos recentes que eram muito parecidos com sua visão.

– Pai, preciso lhe falar urgente. É sério.

– Pois bem, Rodrigo, fale-me, o que houve?

– Pai, na noite passada o Anjo – era assim que Rodrigo se referia ao seu mentor que lhe aparecia desde a infância – me apareceu e me levou a uma visão. Presenciei uma terrível batalha que acontecia com nosso grupo como protagonista. Constatei na visão que vários de nós seriam brutalmente assassinados.

– Bobagem, Rodrigo. Por que nos envolveríamos em batalhas? Sabes que nós, os ciganos, não nos envolvemos em batalhas. Somos um povo pacífico e cristão. Acreditamos na tolerância entre os homens.

– Sim, meu pai, eu sei. Seus ensinamentos sempre nos instruíram a nunca entrarmos em batalhas. Mas essa visão tem me incomodado muito. Parecia-me tudo muito real.

– Meu amado filho, fique tranquilo. Isso é fruto das preocupações que você mantém com o nosso grupo. Vejo que aos poucos já está se tornando um verdadeiro líder.

– Tudo bem, meu pai, mas me prometa que se houver qualquer possibilidade de luta você ordenará a todos que voltem atrás e que não lutaremos com ninguém em nenhuma hipótese. Eu acredito que vi o final do que pode acontecer e é terrível. Até o momento não compreendi porque você ordenou que Manuel acompanhasse o grupo de Lúcios.

– Rodrigo, por um acaso estás a questionar uma orientação minha? Não faça isso, em hipótese alguma. Trate de voltar aos trabalhos, pois há muito a ser feito.

Embora muito preocupado e repleto de dúvidas no peito, Rodrigo confia na segurança que o pai sabe transmitir e também na promessa de que não lutariam. Embora ainda preocupado, a conversa com o pai o deixa mais tranquilo. Sabe que seu pai sempre fora cumpridor de suas palavras e não permitiria nenhuma reação dos ciganos. Prova disso é o fato de Ruí ter mantido o grupo a distância dos soldados romanos. Ele pensa que suas preces estão sendo atendidas pelos espíritos de luz.

Para não ficar mais pensando nessas coisas, Rodrigo arregaça as mangas e se junta ao grupo que se afastava para procurar alimentos para os animais e os ajudar a catar mais lenha para as fogueiras. Depois de uma jornada incansável de luz e calor intensos, o sol descansa bem lentamente por detrás das muitas montanhas imperfeitas repletas de cavernas do deserto turco.

Recostado em sua rede, Ruí fuma um cigarro elaborado pelas mulheres da aldeia nômade com folhas de uma tradicional erva do povo cigano. Está profundamente preocupado com a demora dos que foram à frente para negociar a entrada pacífica de todos ao território da Capadócia. Assiste ao pôr do sol como se estivesse a contar os segundos com que o astro-rei descia vagarosamente. Ruí cai então em um sono repentino, ainda que leve. Logo que adormece assiste a uma visão que parece real ao extremo. Mesmo inconsciente, lembra-se do que o filho relatara havia pouco. E assiste à mesma cena descrita por Rodrigo: vários membros de seu grupo sendo ferozmente assassinados pelos soldados romanos. Pelo que Ruí conseguia compreender em meio à confusão, o grupo com Manuel e Lúcios fora capturado e torturado, até que dissessem onde estaria o acampamento cigano de onde teriam vindo. Em meio à visão, Ruí olhou ao centro da sangrenta batalha entre seus homens e a tropa romana que descobrira a localização do acampamento. Testemunhou então, ainda que em sono profundo, o cair lento de uma espada de ferro e aço que desceu afiada em meio ao peito de um dos seus ciganos, rasgando-lhe a carne de forma impiedosa e jorrando sangue rùbro nas entranhas secas do solo turco.

O golpe fez com que Ruí acordasse coberto de suor em meio ao seu próprio grito que ecoou em todo o acampamento. Rodrigo e Tirá, assustados com o grito, correm na direção da cabana do pai junto a seguranças ciganos que vieram verificar se havia algum perigo ameaçando o líder Ruí.

–Rodrigo, preste bem atenção no que vou lhe falar: se aconteceralguma coisa conosco, pegue sua irmã e fuja para aquelas matas à nossa esquerda. Esconda-se e só apareça quando todos forem embora. Ouviu? Escutou bem?

– Mas o que houve, meu pai?

– Nada, Tirá. Não se preocupe. Apenas temos que estar precavidos se nossos homens não voltarem.

Rodrigo manteve-se quieto. Por alguma razão seu pai agora parecia acreditar mais no que havia lhe contado a respeito de sua visão. Pelo seu estado, poderia supor que acabara de ter tido uma visão semelhante. Ruí percebeu a apreensão de seu menino e consolou-o.

– Meu amado filho, sei que os bons espíritos nos conduzem por vezes, em meio a sonhos e visitas, a pessoas e situações futuras. Mas pouco posso fazer agora, nossos batedores foram com Lúcios e Manuel com o intuito de negociar nossa entrada na Capadócia. Não tenho motivos claros para fugirmos, estou preocupado com a demora deles, mas esperaremos até o amanhecer. Se eles não voltarem, irei pessoalmente negociar com os soldados ou decidirei por nossa volta. Agora, independentemente do que decidir ou do que vier a acontecer, só lhe peço que cuide de sua irmã Tirá.

– Sim, meu pai, pode deixar que se algo acontecer seguirei suas instruções e levarei Tirá sempre comigo. Para todo o sempre prometo-lhe guardá-la e preservá-la protegida como se você estivesse conosco.

Tirá está com os olhos marejados, prestes a chorar. Está com o peito apertado, sentindo uma enorme bola de lágrimas que parece pedir passagem. Pressente que as coisas podem se complicar e roga ao pai que se mantenham todos em oração.

– Pai, faça suas orações e seus mantras. Deus queira que nada aconteça conosco. Peça aos bons espíritos consoladores que não deixem que nada nos aconteça, por favor.

– Sim, minha filha, farei minhas preces, pedindo proteção para todos, pode deixar. Agora vá com seu irmão e fiquem atentos.

Rodrigo puxou Tirá pelo braço e ambos saem da barraca central do acampamento. Caminharam juntos até a barraca das damas e crianças. Chegando lá Rodrigo deixou Tirá em alerta, avisando-lhe que se algo acontecesse, que ela fosse o mais rápido possível para a cocheira onde ele estaria a cuidar dos cavalos.

A noite já está escura no acampamento. Um breu com nuvens cobre o céu. Os ciganos sabem ler a natureza como a mão de uma pessoa. Como um povo nômade, que transita muito entre os territórios mais diversos, onde precisam saber conviver com as mais diferentes formações naturais, aprendem logo cedo a compreender as mensagens e sinais que a natureza envia para os homens. Facilmente observam que em poucas horas uma forte chuva se anunciava no oriente.

Dito e feito: em pouco mais de duas horas, raios e trovões já assustavam as crianças. Todos se preparam para uma noite fria e chuvosa. Providências são tomadas para que todos tenham uma noite de paz mesmo em meio a um cenário tão conturbado, não apenas pelas condições climáticas, mas por conta das visões de Ruí e Rodrigo. Nesse momento já circulavam comentários por todo o acampamento.

Ruí, sentado no lado de fora de sua barraca, fica a observar tudo à sua volta na esperança de que os amigos logo apareçam trazendo-lhe notícias da negociação. Está particularmente também muito preocupado com Manuel, seu companheiro de anos. Lembrou-se de que o amigo o alertara dos perigos e que não concordava com a missão. Embora estivesse consciente que obrigou a ida de Manuel para torná-lo mais forte, sabe que se sentirá dolorosamente culpado se algo acontecer com seu grande amigo.

* * *

Na entrada da cidade de Nevşehir...

– Soldado, onde estão os prisioneiros? Eles, por acaso, possuem algum líder?

– Não me parece, Senhor, não este grupo ao menos. Um deles diz que possui familiares e que quer conversar com o senhor para negociar sua entrada na cidade.

– Traga-o aqui imediatamente.

– Sim, comandante.

Há nesse momento diversas carruagens com grandes grades nos arredores da estrutura alfandegária que os soldados haviam montado. Nessas carruagens-cela, há muitos presos que insistem em gritar por socorro, mesmo que a cada grito sofram retaliações dos soldados que estão a vigiá-los. Há ainda corpos de prisioneiros que foram mortos e estão sendo jogados numa grande vala comum, aberta por um grupo de soldados. Depois de mais alguns corpos, mais um pouco de terra seca é despejada por outra carroça sobre o vão do buraco. O caos estava instalado, e se pode dizer que havia um autor para todo este terror este seria o imperador Diocleciano.

Nascido numa família de baixo *status* social, na província romana da Dalmácia, Diocleciano ascendeu socialmente pela via militar e se tornou comandante de cavalaria do imperador Caro. A "Grande Perseguição" foi a última e talvez a mais sangrenta perseguição aos cristãos realizada pelo Império Romano. O único fim do impiedoso imperador era vencer e exterminar a rápida expansão do Cristianismo.

Mulheres e crianças eram levadas para a cidade subterrânea de Guzelyurt, onde eram selecionadas para servirem à aristocracia que se instalava na Capadócia. Aquelas que não aprendiam ou relutavam em atuarem como serviçais eram assassinadas e enterradas num vale diante das cidades subterrâneas. Moças magras, sem força física e mulheres mais idosas não tinham chances de viver. Eram descartadas. Meninos e alguns homens de meia-idade serviam nas fazendas, cuidando das plantações. Os mais fortes eram alistados no exército, reforçando assim o contingente de soldados a serviço do imperador.

Lúcios é trazido a pedido do comandante enquanto Manuel e o restante do grupo permanecem na cela aguardando a negociação. Apenas dois companheiros acompanham Lúcios. Todos exibem marcas de agressões no rosto e estão com as mãos atadas por trás do corpo com cordas de cerdas bem firmes.

– Eis aqui, senhor, o homem que diz ter familiares na Capadócia.

– Como ousa dizer-se familiar nestas terras que agora são nossas?

– Senhor, tenho irmãos e sobrinhos que residem em Urgup e lá estão constituídos há décadas. São artesãos que tecem tapetes para serem vendidos na praça central. Minha cunhada faz vasos de cerâmica.

– Qual é o seu nome?

– Chamo-me Lúcios.

– E aqueles enjaulados que estão com você lá fora, quem são?

– São amigos que viajam conosco.

– Por que estão armados? Quem vocês acham que são para andarem armados?

– É para nossa proteção, Senhor. As estradas estão muito perigosas. Temos crianças e mulheres.

– Não me importa... cale-se! Quantos são os seus?

– Somos cento e cinquenta pessoas, aproximadamente.

– Mas só vejo três na minha frente, fora os seis inúteis encarcerados lá fora. Onde diabos estão os demais? Está de brincadeira comigo, reles imundo?

– Estamos acampados em um local seguro. Viemos em um grupo menor com a missão de conversar com vocês. Não viemos com o fim de desafiá-los e sim para estabelecermos nossas vidas aqui. Somos um povo sofrido. Perdemos muitos amigos e familiares durante nossa viagem, sofremos com frio e fome. Agora o que pedimos é que nos conceda a permissão de vivermos e sermos úteis na Capadócia.

– Quais são suas capacidades, reles? Você não me parece ter nenhuma.

– Somos nômades. Nosso lar é o mundo, nossa casa, a estrada. Caminhamos por trilhas, vielas e ruelas enfrentando os desafios de uma vida de viajante errante. Temos a habilidade de saber respeitar e de nos relacionar beneficamente com a terra, sabendo usufruir de tudo que vem dela sem ter que, para isso, destruí-la. Amamos os animais como irmãos e por isso não podem conceber a hipótese de os machucarmos apenas para satisfazer nossas vontades.

– Sabemos ler os sinais que a natureza nos transmite com sabedoria. Sabemos quando vai chover e que tipo de chuva está a caminho. Sabemos compreender o que um vento quer nos dizer e o que a cor das águas de um rio nos fala em segredo. Sabemos colher frutos e raízes como poucos e a cozinhar tudo com carinho e sabor. Sabemos tocar instrumentos que nos alegram e escrevemos poesias que nos tranquilizam a alma. Cuidamos de nossas crianças e mulheres com amor e devoção.

– Ora, já era de se esperar. Sois cigano, infeliz?

Lúcios reluta em responder, mas mesmo assim sabe que na visão do exército romano é melhor ser cigano a ser cristão.

– Sim, senhor, formamos uma caravana cigana.

– Imediato!

– Sim, senhor!

– Matem todos!

– Sim, senhor!

Lúcios e os demais são arrastados bruscamente pelos soldados em direção às valas que foram abertas próximo da cena. Lúcios ainda teve tempo de suplicar ao menos o entendimento daquele ato.

– Mas senhor Comandante, por que nos matará? Somos pessoas de bem. Não fizemos nenhum mal a vocês. Não faça isso, por favor! Permita que sigamos por outros caminhos ao menos!

Decidido, o comandante a ordem dada ao seu imediato e seus homens.

– Matem cada um deles. Estes que tiveram a audácia de vir negociar comigo e o resto do grupo que está na carroça-cela. E não tenham nenhuma pressa. Quero que eles sintam muita dor. Agora, saiam daqui.

Lúcios ainda teve tempo de gritar com a força mais profunda que encontrou no fundo de sua alma, revoltando ainda mais o comandante. Já não faria diferença assumir que era um cristão orgulhoso.

– Que Jesus Cristo os perdoe e envie espíritos de muita luz para ajudar vocês. Em nome de Jesus!

Obedecendo às ordens do comandante, os soldados levaram os prisioneiros abruptamente para fora da barraca principal. Alguns tentaram se livrar das amarras, mas também foram arrastados pelos soldados até o local de execução. Todos imploraram por misericórdia aos soldados que, decididos, ignoraram os apelos desesperados e agiram como se estivessem escutando meros zumbidos de mosquito.

Na carroça-cela, Manuel e os demais estavam aguardando que Lúcios voltasse com boas notícias. No momento em que avistou, por entre as grades de ferro, os soldados romanos ao longe trazendo Lúcios e os demais de volta aos murros, Manuel implorou para que os espíritos de luz os ajudassem e, principalmente, que avisassem ao restante do grupo que aguardavam, lá no acampamento cigano próximo à estrada. Manuel então tentou se desvencilhar das cordas que amarravam seus pulsos. Suas cerdas pareciam corroer sua pele, até por causa da força que estava fazendo para livrar-se delas. Os demais companheiros do grupo de Lúcios tentavam o mesmo.

Quando os soldados já estavam se aproximando, gritaram de longe para que os vigias das celas as abrissem e trouxessem o restante dos prisioneiros para a execução na praça central do acampamento. Manuel entrou em um desespero ainda maior. É nesse momento que se recordou das palavras firmes que Ruí lhe proferira pouco antes de partir em missão: "Devemos sempre enfrentar justamente aquilo que estamos a temer, pois assim evoluímos e tornamo-nos gitanos ainda mais fortes". É então que o soldado que estava de sentinela abre o cadeado da cela. No mesmo momento Manuel sente um furacão cigano eclodir de seu peito. Em um rompante de força extrema, como um bicho selvagem e arisco, golpeia ferozmente o soldado que abria o portão da cela, este que cai e bate com a cabeça em uma pedra no chão.

Os demais soldados avistaram a cena de longe e correram para tentar chegar até a carruagem-cela e evitar a fuga dos prisioneiros. Antes disso, Manuel conseguiu correr para trás da carroça onde havia um cercado com cavalos. Montou rapidamente em um dos cavalos e rumou para tentar sair pelo portão que estava amarrado à cerca. Os outros prisioneiros tentaram fazer o mesmo com os outros cavalos, mas os soldados já chegavam e uma intensa luta pela vida se iniciou. Uma luta deveras injusta: os soldados com facas e lanças, os prisioneiros apenas com seus punhos.

Manuel, mais ao longe, percebeu a chegada dos soldados e chegou a virar o cavalo para voltar e ajudar os demais prisioneiros do grupo de Lúcios que lutavam com os soldados. Mas lembrou-se do acampamento, de Ruí, de Rodrigo, de sua esposa e filhos, além dos demais ciganos que precisavam ser avisados de que o plano de negociação havia fracassado. Manuel então conseguiu soltar a corda e abriu o portão, partindo em um galope intenso.

Porém, um dos soldados observou tudo de longe e não deixou por menos. Conseguiu acertá-lo nas costas com uma lança enferrujada enquanto Manuel partia. Mesmo ferido e com muita dor, Manuel conseguiu continuar cavalgando habilmente, como um bom cigano que é, e em uma fuga desimpedida e extraordinária escapou do acampamento alfandegário dos soldados romanos.

– Homens... homens... deixe-o seguir. Esse inútil não vai muito longe com uma lança romana cravada em suas costas – diz o imediato. – Temos os demais para nos entreter – gritou o soldado imediato.

Os demais soldados gargalharam com a cena e esperaram pela queda de Manuel, o que não aconteceu. Manuel tombou sobre as costas do animal, mas manteve-se em cima dele com destreza, e com uma força tirada sem saber ao certo de onde, seguiu seu destino. O animal parecia entender o que acontecia, mesmo não sendo um cavalo cigano. Mesmo não sendo um dos animais adestrados por Rodrigo. Mesmo assim, parecia que aquele animal nutria uma estranha cumplicidade com aquele cigano ferido que o utilizava como veículo de sua fuga desesperada. Tanto, que corria rapidamente sem nem precisar sequer ser comandado ou ordenado a correr. Sentia que aquele era um homem de bem, um pai de família precisando de socorro. Certamente intuído pelos espíritos consoladores a ajudar Manuel.

No acampamento romano, Lúcios e os demais membros do grupo foram violentamente assassinados e lançados na grande vala aberta pelos recrutas do exército comandado por Alexander. E ali foram esquecidos pelo tempo, onde urubus e ratos se fartavam. O odor era insuportável. Corpos retorcidos e mutilados estão, lado a lado, como restos jogados ao nada.

Fraco e perdendo muito sangue, praticamente beirando a morte, Manuel conseguiu chegar ao acampamento cigano depois de algumas horas, já ao cair da noite. O cavalo estava encharcado de sangue, que escorria com a água da chuva intermitente. Um dos vigias do acampamento avistou a cena de sua chegada ao longe e custou a acreditar no que via. Correu de forma alucinada até a tenda de Ruí.

– Senhor, senhor... vimos um cavalo vindo ao longe... parecia trazer Manuel...

Ruí correu com os dois vigias até a entrada do acampamento enquanto Rodrigo era chamado juntamente com outros ciganos.

– Pegue-o, ele está muito ferido! Vamos levá-lo para a tenda. Peguem toalhas e água. Meu Deus, meu amigo está muito mal! Como foi valente esse cigano!

Manuel foi então socorrido e levado para dentro da tenda de Ruí para ser atendido. No caminho, balbuciava palavras desconexas e tentava se fazer entender. Manuel tentava, de alguma forma, alertar Ruí dos perigos que todos estavam passando.

– Meu senhor... meu senhor...

– Não fale, Manuel, você está muito ferido. Fique calmo, irmão, vamos salvá-lo e então você nos conta o que houve.

– Meu senhor... não temos tempo... vocês tem que fugir. Os soldados nos descobriram e estão por vir. Matarão a todos.

– Só depois de cuidar de você. Não fale agora, permaneça quieto. Ainda temos algum tempo.

– Você não está entendendo, senhor. Eles mataram Lúcios e todos os nossos amigos com enorme crueldade. Estão matando a todos que tentam entrar na cidade, e virão atrás de nós para dizimar o acampamento cigano.

– Fique quieto, Manuel. Eu sei o que fazer.

O cigano Songo chegou trazendo toalhas e água morna retirada de uma grande panela que permanecia sempre na fogueira. Consistia em um hábito na tribo: sempre ter água quente para qualquer situação ou lesão de alguém. Ruí começou a tratar os ferimentos de Manuel. Em um golpe certeiro, arrancou a lança enferrujada que o rasgava. Pegou uma sacola de pano que permanecia no canto de sua tenda e dela retirou algumas ervas, colocando-as no ferimento.

Muito fraco e com muitas dores, Manuel já nem conseguia mais falar. Sussurrou algumas palavras, uma forma de mantra. Ruí, Rodrigo e Songo reconheceram o mantra e o acompanharam. O canto invocava Deus e pedia para serem enviados espíritos de luz para ajudá-los. Funcionava como uma espécie de prece que pedia por socorro ao mundo espiritual. Manuel, prestes a desmaiar, antes ainda tentou um último pedido. Insistiu que todos fugissem naquele exato momento para bem longe dos soldados. E desmaiou com a face contorcida de dor.

Ruí sentiu que seu grande amigo de infância não escaparia do desencarne. Ordenou que uma grande fogueira fosse feita e que todos começassem a arrumar suas coisas, pois partiriam ao amanhecer. A chuva, agora fina e fria, atrapalhava o trabalho de todos.

Rodrigo aproximou-se do pai. Estava muito triste e pediu a ele que fizesse uma linda homenagem a Manuel. Pensou em indagar ao pai pela decisão de ter enviado logo Manuel para tão arriscada missão, mas se conteve. Não valeria a pena consternar seu pai naquele momento. Até porque a dor da culpa já havia se apossado do peito de Ruí que chorou. Rodrigo, percebendo que o velho estava desesperado sentou-se ao seu lado, tomou-lhe as mãos e fez uma oração cigana. Tão jovem e já tão consciente de seus atos. Mais ciganos chegaram à tenda e a comoção foi geral. A esposa e os filhos de Manuel entraram em desespero. Sapphire chega a esboçar uma revolta contra Ruí, mas é contida e cai em si: não poderia questionar o líder do grupo em hipótese alguma.

Uma grande tristeza tomou o lugar. Ruí contém as lágrimas de Rodrigo, enquanto outros gritam mantras em latente desespero e angústia pela morte de Manuel. As mulheres bradam gritos de horror em sons estridentes, comum aos lamentos ciganos. Manuel morreu nos braços Ruí. Rodrigo abraçou os dois e caiu em lágrimas.

Os homens do grupo ergueram o corpo de Manuel e o retiraram da tenda de Ruí. As mulheres cantavam um mantra especial para o momento de desencarne, pedindo aos espíritos de luz que recebessem e conduzissem Manuel na chegada ao plano espiritual. O corpo de Manuel é então queimado na fogueira central do grande acampamento dos ciganos. Muitas orações e mantras seguem sendo feitos por todos. É uma noite de muita tristeza para a tribo de Ruí.

A tristeza abateu Rodrigo de uma forma que talvez tenha experimentado apenas com a perda da própria mãe. Ele caminhou se afastando do grupo para ir até a cocheira improvisada e encontrar Hió. Ao olhar para seu cavalo, que fora um presente carinhoso de Manuel, começou a chorar copiosamente. Abraçou Hió e se debulhou em lágrimas.

Todos do grupo tinham muito respeito por Manuel, um homem amável e respeitador dos bons costumes. Um companheiro inseparável nas horas difíceis que todos viveram durante tantos e tantos anos de estrada. Conheceu Sapphire ainda menina e se apaixonaram desde então. Os pais de Sapphire foram contra o namoro e o casamento realizado nos costumes ciganos. Não compreendiam como a filha poderia deixar uma casa de família em uma cidade onde tinha uma boa condição de vida e estabilidade por uma vida nômade em que cada novo dia era em uma nova cidade, um novo lugar, uma nova realidade. Mas foi isso que Sapphire fez: por amor e devoção. Entregou-se a Manuel e aos preceitos ciganos de corpo e alma.

Ruí, muito abatido, começou a arrumar suas coisas para partir. As tendas começaram a ser desmontadas. Mulheres e crianças foram alimentadas. Tirá chorava em sua carroça de forma solitária e muito triste com todos os acontecimentos. Os objetos pessoais de Manuel são levados até a fogueira para que nada ficasse entre os vivos encarnados. Os ciganos têm por hábito destruir todas as coisas que pertenciam aos recém-desencarnados. Roupas, objetos pessoais, colares, pertences íntimos. Tudo é queimado na mesma fogueira em que sua morada física corpórea foi queimada. Eles entendem que para onde o espírito vai, não precisará de seus pertences materiais que mantinha aqui no plano material.

* * *

Em Nevşehir, um mensageiro chegou ao acampamento romano trazendo uma carta para o comandante. Foi interceptado pelo soldado que fazia a guarda da cabana do comandante.

– Buenos dias.

– Alto lá! O que queres aqui?

– Preciso falar com o comandante.

– Você tem permissão para se dirigir ao comandante? Além do mais ele ainda deve estar dormindo.

– Acorde-o. Trago ordens do Chefe de Fileiras.

Alexander, já acordado, mas ainda deitado em sua cabana, ouviu a conversa em sua porta e gritou:

– Deixe-o entrar, imprestável!

– Bons-dias, senhor comandante!

– Bons-dias, mensageiro, que trazes para mim?

– Trago ordens do Chefe de Fileiras, Conde Jorge da Capadócia.

– Dê-me logo aqui.

Alexander abriu o pergaminho com as orientações de Jorge. Irritado e sem conseguir disfarçar toda a raiva que sentia naquele momento, Alexander não conteve sua ira e esbravejou em alto e bom som.

– Desgraçado! Infeliz!

– O que disse, senhor? – se assustou o mensageiro.

– Nada, reles. Saia daqui. O que você ainda está fazendo aqui? Já não fez o seu serviço, imundo? Chamem o imediato! Quero o imediato aqui agora em minha presença.

O mensageiro saiu correndo e deixou o acampamento na mesma hora. Afinal, sua missão já havia sido cumprida. Os soldados que se entendessem com o comandante. Os soldados chamaram o imediato que correu apressado do jeito que estava ao encontro do superior. Quando o comandante chamava dessa forma coisa boa não era.

– Imediato, prepare imediatamente os cavalos. Vamos pegar aqueles ciganos de uma vez por todas.

– Sim, senhor!

Alexander se preparou com muitas armas e, junto a vinte e cinco de seus melhores soldados, partiu pela estrada indo ao encontro do acampamento de Ruí e de seu grupo. Levou consigo seu melhor rastreador que não teve dificuldades para encontrar o rastro de sangue deixado por Manuel. Alexander esbravejava em cima de seu cavalo enquanto galopava de forma intensa.

Caro Alexander,

Do alto do comando em que me encontro venho determinar que pare com o extermínio de inocentes.

As ordens que te dei foram para vigiar e controlar a entrada de estranhos em nossas terras.

Como informado anteriormente, nossa preocupação é com a febre que matou e mata pessoas nas cidades que rodeiam a Capadócia.

Estarei presente no acampamento para de perto ordenar os trabalhos e fazer a justiça com esse povo tao sofrido e castigado pela doença que matou muitos dos seus queridos familiares.

Conde Jorge da Província da Capadócia

– Vamos, soldados! Vamos matar todos os homens, velhas e meninos. Só deixem as mulheres jovens e bonitas vivas e as meninas também.

Galopando com enorme vigor, os soldados seguem seu comandante rumo à missão de executar uma verdadeira chacina de ciganos inocentes.

* * *

Passado algum tempo depois da saída de Alexander, o Conde Jorge em pessoa chegava ao acampamento romano, conforme avisara na mensagem enviada. Ao ser informado que Alexander havia saído para "caçar uns ciganos", reuniu seus homens e avisou que sairiam na tentativa de alcançar Alexander e evitar o massacre. Antes determinou que quatro de seus soldados de confiança verificassem se entre os prisioneiros do acampamento de Alexander haviam doentes e ordenou que todos fossem libertados para seguirem sua rota para dentro da Capadócia. Ordenou ainda que os que estavam enfermos deveriam ser tratados pelos médicos locais. Mulheres e crianças foram orientadas a seguir com seus maridos e filhos para as cidades menores no entorno da Capadócia e lá procurarem estabelecer-se nas plantações e reconstruírem suas vidas.

Deus o fato de o Conde Jorge da Capadócia ter aparecido e salvado todos do sofrimento a que eram submetidos pelo comandante Alexander. Alguns chegaram a se ajoelhar diante de seus pés, reverenciando este homem tão bondoso e caridoso, mas logo eram erguidos pelo próprio Conde que afirmou que eles não precisavam fazer nada daquilo e nem agradecer-lhe. Depois de cuidar para que tudo fosse resolvido no acampamento, Jorge ordenou aos seus homens:

– Agora vamos, homens! Precisamos alcançar Alexander e evitar essa tragédia. Preparem-se para galopar na mais alta velocidade.

* * *

Após a sessão de desencarne de Manuel, que reuniu todos os ritos voltados para que o desencarnado tenha uma boa passagem para o mundo espiritual, Ruí recolheu as cinzas de seu melhor amigo e repousou-as em uma urna dourada toda trabalhada e esculpida em ouro maciço. Ao longo desse processo, cantou o mantra voltado para o encaminhamento das almas, e ao terminar, entregou-a a Rodrigo, que o acompanhava em todo o ritual. Pediu a seu filho que a guardasse, e na primeira oportunidade, lançasse as cinzas no mais lindo campo que encontrasse pelo seu caminho futuro.

Esse gesto foi assistido por todos do acampamento em plena praça central. Levou cada um a uma singela comoção particular, em um choro coletivo que terminou em um clima de esperança e boas vibrações para Manuel. Afinal, todos sabiam que esse choro pelo desencarnado não deveria ser, de forma alguma, um desabafo inconformado, como se não entendessem os motivos que levaram à perda do nobre homem, mas sim, era tão simplesmente uma homenagem à vida deste homem e tudo que ele deixou no plano material. E não estamos falando de bens materiais, joias e tesouros. Estamos falando de valores, legado ético e moral.

Acima de tudo, todos sabem que a hora de Deus é a hora da sabedoria, sendo inquestionável. E que Manuel precisava, mais do que nunca, de boas vibrações que o encaminhassem no plano espiritual e o ajudassem a progredir mais rapidamente para as esferas mais superiores. Caso algum familiar ou amigo desbravasse mensagens inconformadas ou pedisse que ele voltasse por não compreender sua ida naquele momento, geraria uma onda de vibrações contrárias que fariam com que o espírito desencarnado de Manuel demorasse mais a seguir sua caminhada, fazendo com que ficasse preso no plano material, ou pior, no umbral, o filtro de almas que existe entre os mundos material e espiritual. Ruí proferiu algumas palavras para encerrar em definitivo os ritos em torno do desencarne do nobre amigo.

– A morte é a vida, ciganos. Não faço senão repetir o que foi dito milênios atrás. E para nós, não há outra expressão senão esta, apesar do que dizem os materialistas, aqueles que querem permanecer cegos. Oh, meus amigos, hermanos! Que mais bela aparição na Terra que a de ver flutuar as bandeiras da espiritualidade cristã em meio à ventania divina da perpetuosidade! Que claridade essa espiritualidade traz aos homens de boa vontade, como fora meu nobre e fiel amigo Manuel, em sua mais recente jornada terrena! Homens nobres pelo acúmulo de ética e moral, e não de tesouros. Homens que quebraram as cadeias terríveis do orgulho, para hastearem bem alto as suas crenças em Deus.

Ruí prosseguiu, mesmo sem conseguir conter as lágrimas, como todos na tribo que assistiam emocionados ao tributo a Manuel.

– Orai, ciganos, e agradecei a Deus estes benefícios da espiritualidade divina, pois será pelos seus raios luminosos que se resplandecerão as tochas de fogo e fé, que clarearão seus caminhos pelas trilhas do bem. Será seu calor benfazejo que virá reaquecer seus corações ao fogo divino, que dá fé e consolação. Será sob seus raios vivificantes que o Senhor assumirá a condução de seus obreiros de luz que assumem com enorme honra a missão de propagar o bem, a moral e a luz divina pelas palmas de suas mãos. Ahora, todos ergam las manos! Em nome... de Jesus... que siga em paz nosso nobre amigo Manuel!

* * *

Todos no acampamento estavam atordoados com os mais recentes acontecimentos sofridos pela tribo. As feridas pela perda de parentes e amigos durante a febre ainda estavam abertas e insistiam em doer. E agora, a partida de Manuel serviu para desolar ainda mais a todos. Mas que povo bravo é o cigano, que encontra forças não se sabe bem ao certo de onde para superar as mais árduas provas impostas pela expiação terrena. Lúcios também foi lembrado por Ruí, que convocou todos a proferirem uma bela oração para que o tão recente amigo fosse recebido no mundo espiritual com muita paz e luz. Mas as homenagens e tributos haveriam de terminar. Os guardiões da tribo designados por Ruí a cavalgarem para bem longe da aldeia para identificarem se havia a aproximação de algum grupo romano retornaram com más notícias. Avistaram ao longe o distante galope de cavalos vindo em direção ao local onde o acampamento fora montado e retornaram rapidamente para a aldeia para avisar a Ruí, que se voltou para a população da tribo que ainda estava na praça central:

– Gitanos, é chegada a hora de nossa partida deste local que nos serviu de lar momentâneo. Nós, o povo cigano, não criamos raízes. Somos pássaros selvagens que migram em voos contínuos. Não nos deixamos prender sem gaiolas ou grades que restrinjam nosso bem-querer. Vamos terminar de recolher o acampamento para partirmos. Vamos, amigos. Temos que ser rápidos.

Enquanto todos já corriam para finalizar os preparativos para a partida, Ruí pediu especialmente a Rodrigo que cuidasse de sua irmã Tirá. Pediu que tomasse conta dela, não somente naquele momento, mas para todo o sempre. A preocupação estava visível no rosto de todos os ciganos, que apressadamente estavam reunindo seus humildes pertences e carregando tudo nas carroças.

Ruí orienta a partida de todos, indicando o caminho que deveriam seguir e como deveriam proceder se embrenhando na mata que se localizava ao leste do acampamento. Uma das sabedorias que os ciganos dominam é a capacidade de movimentar-se sem deixar rastros. Ruí sabia que era justamente na mata densa que essa capacidade mais se sobressaía. O primeiro grupo de mulheres mais idosas e crianças mais novas conseguiu partir e seguir pela mata com um grupo de guardiões a cavalo. Muitos ciganos ainda se mantinham no acampamento, pois estavam terminando de juntar os mantimentos e amarrando as carroças com os pertences.

Ruí estava nesse momento em meio ao campo aberto onde era localizado o acampamento, que anteriormente era a praça central. Agachou, pegou um punhado de terra e parecia refletir sobre os mais recentes acontecimentos e sobre o que viria a acontecer, enquanto sentia cada grão se esgueirar por entre seus dedos. Rodrigo e Tirá intervieram junto ao pai.

– Vamos, pai, venha, vamos. É chegada a hora.

– Rodrigo, obedeça-me e vá. Siga com os guardiões para preservar o grupo de mulheres e crianças que já partiu e leve sua irmã. Faça o que te falei e garanta que o grupo torne-se invisível na mata como tão bem sabemos fazer. Preciso aguardar que cada cigano parta em segurança.

– Sim, pai, claro.

– Vá agora, meu filho, e proteja sua irmã. Não deixe que nada lhe aconteça e não permita que toquem nela. Seguirei logo atrás de vocês.

Pegando-a pelo braço, Rodrigo puxa sua irmã para seguir o caminho por onde a fileira de carroças já havia desaparecido.

– Vamos, Tirá, venha! Vamos obedecer ao nosso pai.

Tirá insiste em agarrar-se ao pai e puxá-lo para que, juntos, possam se esconder rapidamente.

–Vá, minha filha, logo estarei com vocês de novo. É meu dever ser oúltimo homem a deixar o acampamento cigano e é exatamente isso que farei. Fiquem tranquilos que ficarei junto dos ciganos que terminam o recolhimento de pertences e não sofreremos nada.

Rodrigo toma sua irmã e a puxa junto com seu cavalo. Tirá cede, e juntos, eles somem no meio da mata.

* * *

Algum tempo depois, os soldados romanos, comandados por Alexander, se aproximam ao longe. Ruí percebe que eles se enfileiram em uma formação que parecia ser de ataque. Avistou aquele que deveria ser o comandante do grupo que cavalgou diante de toda a fileira de cavalos e parecia proferir palavras de evocação da violência. Ruí não se abateu. Permaneceu firme e avisou aos ciganos que todos deveriam se preparar para a chegada dos soldados, pois conversaria com o comandante para que todos partissem em paz, pois não queria nenhuma forma de problema com ninguém.

Mas não houve nenhuma oportunidade de conversa.

Quando deu por si, os cavalos romanos já partiam a toda velocidade na direção dos ciganos com lanças e espadas em riste. Atacaram sem nenhuma piedade o restante do povo de Ruí que ainda permaneceu terminando de recolher o acampamento. Sem chance de defesa, os ciganos foram todos assassinados cruelmente, de uma forma profundamente violenta e sangrenta. E um a um caiu mediante golpes certeiros das lanças e espadas dos soldados de Alexander. Gritos de pavor são ouvidos por todos. Inclusive as mulheres mais jovens, crianças e adolescentes que ficaram para ajudar os pais também foram brutalmente assassinadas.

Alguns ciganos ainda buscam alguma forma de defesa em uma batalha desigual já que estavam armados apenas com punhais. Ruí luta até o fim para defender seus amigos, mulheres e crianças da tribo. Foi um dos últimos a serem assassinados, o que se deu especialmente pelas mãos do imediato do comandante.

De forma fria e impiedosa, Alexander assistia ao massacre dos ciganos com um sorriso cínico estampado no rosto. Nem sequer conseguia disfarçar uma ligeira felicidade ao ver o sangue de inocentes sendo derramado no solo que antes servia de acampamento. Não se conteve e esbravejou de tal forma que cuspia vorazmente enquanto gritava.

– Ciganos malditos morram todos, desgraçados. Esse é o destino de quem ousa me desafiar! Queriam entrar na Capadócia, vejam só! Malditos!

E prosseguiu orientando seus soldados que nesse momento estavam ensanguentados da cabeça aos pés e empunhavam espadas e lanças não menos repletas de sangue dos ciganos brutalmente assassinados.

– E não se esqueçam de buscar por joias e ouro. Se houver algum deles escondido e ainda vivo, mate-o sem piedade.

Um soldado que ficara no caminho para vigiar a retaguarda do grupo galopou até Alexander a fim de alertá-lo sobre outro grupo que se aproximava do local onde estavam.

– Senhor, uma grande cavalaria está a se aproximar do local.

– Veja quem diabos são estes que têm a audácia de se aproximar de um pelotão de ponta do exército romano. Reforce a guarda e preparem-se para matar quem quer que seja.

– Mas senhor, acontece que são soldados como nós.

– Como assim?! Impossível, seu inútil. Nem servir de vigia você serve. Suma da minha frente.

O outro grupo de soldados se aproxima do local e imediatamente inicia uma formação diferenciada, em que os cavalos se viram e se alinham em duas fileiras, uma voltada de frente para a outra. Alexander fica profundamente intrigado e sem reação, apenas observando o desenrolar desta situação inusitada. É então que ao final desse corredor formado por cavalos alinhados surge um cavalo branco como as nuvens em um dia de sol. Esse cavalo se ergue como se levantasse suas patas dianteiras aos céus. E sobre a cela que lhe abraça o corpo traz o Conde Jorge da Capadócia com suas vestimentas militares reluzentes nas cores vermelha, verde e dourada.

Jorge da Capadócia então trota seu cavalo em meio ao corredor enquanto os cavalos enfileirados baixam a cabeça um a um em um mesmo movimento realizado pelos cavaleiros que estão a montá-los. Até que Jorge chega diante do cavalo de Alexander, interpelando-o de forma firme e contundente. As pálpebras de Alexander parecem tremer de nervosismo ou de raiva, não se sabe bem ao certo o porquê.

– O que fizeste aqui, Alexander?

– São inimigos, senhor! Viemos dizimá-los antes que oferecessem perigo ao império.

– Inimigos, Alexander? Perigo? São estes pobres ciganos a que você se refere como inimigos? Não viu que são pessoas de bem, que lutam por suas próprias vidas, que são pobres almas?

– Senhor, sirvo ao imperador Diocleciano. É a ele que tenho que defender. Essas pessoas são podres e portadoras da febre.

– Como sabes disso? Por acaso algum deles estava doente?

– Sim, todos estavam com a febre. Foi exatamente por isso que tivemos que matá-los, para não transmitir a praga para nós.

– Homem de pouca luz, você realmente acredita que eu vou crer neste seu relato imoral?

Rodrigo e Tirá não conseguiram seguir no primeiro grupo que partira. Eles retornaram um grande trecho e permaneceram escondidos na mata próxima ao local do acampamento, pois ainda aguardavam pelo pai. Porém, Hió, o cavalo de Rodrigo, estava muito nervoso e inquieto, pois conseguiu escutar tudo que havia ocorrido ao longe e começou a emitir barulhos que chamaram a atenção de um dos soldados de Jorge, que se aproximou e sussurrou ao seu ouvido:

– Senhor, ouço barulhos vindo da mata.

– Vá verificar imediatamente.

Três soldados são designados a fazerem uma busca na mata próxima ao acampamento e encontram Rodrigo e Tirá assustados que ainda tentam correr, mas são capturados e levados ao encontro do Conde da Capadócia.

– Chefe, achamos estes dois jovens escondidos ao lado deste belo cavalo.

– Tragam-nos aqui.

Rodrigo e Tirá são levados para próximo de Jorge, que fica impressionado com a beleza dos dois irmãos. Ambos estão desolados ao se deparar com o cenário desfigurado que se tornara o que antes fora o acampamento cigano. Tirá chora copiosamente ao presenciar tamanha crueldade e barbárie. Rodrigo a abraça para evitar que ela veja mais detalhes.

– Como é seu nome, jovem rapaz?

– Chamo-me Rodrigo, cigano Rodrigo. E esta é minha irmã Tirá, também cigana. Somos cristãos também.

– E por que vocês estavam escondidos na mata?

– Nosso pai era o líder deste grupo. Ele ordenou que fugisse com minha irmã. Mas depois de nos distanciarmos bastante não conseguimos seguir mais. Resolvemos então não nos distanciarmos tanto e retornamos para ver o que estava acontecendo. Não sabíamos que havia ocorrido este massacre tão cruel senão eu teria feito algo. Sinto-me tão culpado por ter partido –

Rodrigo proferiu essas palavras com lágrimas escorrendo em seu rosto. Estava inconsolável.

– Vocês estão doentes?

– Não, senhor, estamos todos muito saudáveis.

– Ninguém de seu grupo ou tribo, como chamam, estava doente?

– Não, senhor. Se há algo que sabemos bem é como cuidar dos nossos, com ervas, atenção e carinho. Se houvesse algum cigano enfermo, saberíamos e eu o informaria neste momento.

– Guardas! Prendam Alexander por assassinato e todos estes que com ele cometeram essa atrocidade desumana. Desarmem-os.

Os guardas se movimentaram para prender Alexander que não relutou. Sentindo muito ódio em seu coração, Alexander já começava ali a planejar sua vingança. Jorge dirigiu-se a Rodrigo e Tirá tentando acalmá-los.

– Vocês podem ficar comigo, me acompanhar.

– Podemos ver nosso pai?

– Sim, podem sim.

– Venha, Tirá, vamos procurar nosso pai.

Após caminhar alguns metros, os irmãos Rodrigo e Tirá encontraram o corpo de seu pai, o líder cigano Ruí. Abaixaram-se, e abraçados ao corpo de Ruí, choraram e lamentaram a morte do pai. Rodrigo, vendo que nada poderia fazer, tentou consolar sua irmã que chorava compulsivamente sobre o corpo do pai.

– Vamos fazer uma oração, Tirá. Papai está aqui próximo de nós e vai precisar que o ajudemos a prosseguir seu caminho em paz.

Em um ato cristão, Jorge aproximou-se dos dois, ajoelharam-se todos e, juntos, proferiram uma oração em homenagem a Ruí, buscando auxiliar a esta incrível e intensa alma cigana a seguir sua caminhada espiritual nos planos superiores. Todos os soldados se ajoelharam também, e o Conde Jorge da Capadócia proferiu uma linda e emocionante oração para todos os mortos daquele triste dia. Um momento de luz recaiu sobre o clima de trevas que aquele território vivera horas antes. Havia corpos mutilados e um fogo ardente que ainda terminava de destruir as carroças. Os fétidos odores de madeira e carne queimada adentravam os olfatos e contribuíam sinestesicamente para um clima de desolação absoluta.

Jorge ordenou então que uma grande fogueira fosse armada e que todos os corpos fossem queimados ali mesmo, como era tradição para os cristãos daquela época. Ao lado do corpo de Ruí, Rodrigo encontrou a urna que abrigava as cinzas de Manuel.

– Senhor, posso levar essas cinzas comigo?

– Sim, meu rapaz, claro, pode levar!

– Obrigado, senhor!

Alexander, amarrado e vigiado por dois soldados, não se conformava em ver aquelas cenas melancólicas.

– Esse chefe de fileiras é louco. Olhem só! Fazendo oração com essa gente. Ele agora se diz convertido a esse tal de cristianismo destes que dizem seguir esse tal Jesus de Nazaré. Mas não perdem por esperar. Assim que chegar à Capadócia pedirei audiência com o imperador e relatarei todo o ocorrido neste dia. Tudo! Desgraçado! Envergonhando-me à frente de meus soldados. Você não perde por esperar, Jorge. Cristãos miseráveis.

Conde Jorge

O bem que praticares em algum lugar é teu advogado em toda parte.

Chico Xavier

* * *

Jorge pegou Tirá pelas mãos e a convidou a deixar aquele local de sofrimento e angústia.

– Venha, Tirá, vamos. Não adianta mais nada. Infelizmente não consegui chegar a tempo de evitar tamanha dor. Perdoe-nos por isso.

Tirá levantou seus olhos em direção a Jorge. Um olhar profundo foi então trocado entre os dois, parecendo surgir ali o despertar de uma cumplicidade oculta que seguia adormecida dentro de suas almas. A beleza gitana de Tirá saltou em meio àquele cenário desolador de caos absoluto. Ela ajeitou lentamente os cabelos negros que cobriam parte de seu rosto de pele morena. Fascinado, Jorge fixou seu olhar de cavalheiro, de muitas jornadas, em Tirá. Seus olhos azuis pareciam topázios que o encantaram. Após alguns segundos, que pareciam ter durado uma eternidade de sentimentos, ele ordenou aos seus comandados:

– Homens, sigamos viagem de volta até o nosso acampamento.

Um grupo de doze soldados ficou para juntar as cinzas dos mortos do massacre comandado por Alexander, pois deveriam ser enterradas ao fim.

Foram muitos os mortos, inclusive mulheres e crianças ciganas e cristãs que foram covardemente assassinadas. Após o fim da cremação, soldados juntaram o que sobrou das carroças e atearam fogo em tudo, finalizando de vez com o acampamento cigano.

* * *

Chegando de volta ao acampamento, Jorge ordenou que Alexander e seus soldados fossem aprisionados e alimentados. Ordenou ainda que o cavalo de Rodrigo ficasse junto ao seu na cocheira principal montada pelos soldados fiéis ao Conde da Capadócia. Rodrigo, ao perceber que seu cavalo não ficaria com ele, se desespera.

– Mas para onde vai Hió?

– Calma, Rodrigo. Seu cavalo ficará junto ao meu, mais protegido e bem cuidado. Você tem um lindo cavalo, não é mesmo?

– Sim. Hió é meu desde pequeno. Me foi dado por um amigo muito querido, quase um segundo pai que a vida me deu e que também fora assassinado pelos soldados carrascos de Alexander.

– Rodrigo, perdoe-me pelos atos de Alexander. Ele tem agido desta forma para chamar a atenção do imperador. Mas assim que retornarmos ao castelo falarei pessoalmente com ele e tomaremos as providências para que nunca mais ela cometa essas atrocidades.

– Agradeço-te, Conde Jorge. Mas e agora? O que será de mim e de minha irmã? Para onde vamos? Não temos mais ninguém, nossa mãe morreu com a praga da febre. Agora meu pai está morto e minha tribo foi dizimada junto com ele.

– Calma Rodrigo, tenha calma. Verei o que podemos fazer por vocês. Fique tranquilo, pois não permitirei que nada mais de mal lhes aconteça, confie em mim.

– Obrigado, senhor, por sua gentileza e preocupação conosco.

– Imediato, leve Rodrigo e sua irmã para a minha barraca e dê comida e vestimentas lavadas para os dois. E vocês aproveitem para descansar. Amanhã estaremos com a cabeça um pouco mais tranquila e então conversaremos sobre o destino de vocês.

Os raios de sol tentavam se esgueirar por entre as nuvens escuras que cobriam o céu da Capadócia. Estavam ainda carregadas da chuva que insistiu em cair durante todo o dia anterior. Jorge reuniu-se com seus homens de confiança. Convocou todos os soldados que eram fiéis ao imperador e comunicou que a vistoria das entradas da cidade tinha que ser feita com critério e sem distinção de pobres ou ricos, bem vestidos ou malvestidos, com bens ou sem bens, ciganos ou não, cristãos ou não. Todos poderiam passar e viver nas regiões da Capadócia.

Jorge selecionou um grupo de confiança e achou melhor que Alexander fosse transferido da cela no acampamento para a prisão central que existia dentro do quartel. Terminada a reunião, Jorge foi até a barraca de comando e ficou a pensar em quem ele deixaria como responsável pela fronteira. Nesse momento, outro mensageiro chegou com uma respiração ofegante ao acampamento.

– Senhor, um mensageiro está a chegar trazendo-lhe uma carta urgente.

– Mande-o entrar imediatamente.

– Honrado Conde, trago notícias de sua família.

Jorge abriu rapidamente a correspondência e começou a ler a mensagem trazida pelo mensageiro.

Capadocia

Os homens semeiam na terra o que colherão na vida espiritual: os frutos da sua coragem ou da sua fraqueza.

Allan Kardec

* * *

CAPADÓCIA, SETEMBRO DE 296.

Caro e estimado Conde Jorge da Capadócia,

Informo que sua mãe, Lida, encontra-se em estado grave. Solicitamos vossa presença em Nicomédia com urgência. Trata-se dos últimos momentos de vida.

Dr. Everastro Sobrinho Cunheis

* * *

Chocado com a notícia que leu na mensagem, Jorge passa as mãos entre os cabelos negros e cacheados expressando uma preocupação profunda.

– Deus meu, cuide de minha mãe. Guardas, preparem minhas coisas que partirei logo ao primeiro raio de sol que surgir no horizonte.

– Sim, Conde, às ordens.

Muito abatido, Jorge deitou-se para descansar. Já eram três horas da madrugada. Muito cansado e pensativo, rogava a Jesus que acompanhasse sua mãe nessa hora difícil. Antes do amanhecer já estava de pé pronto para partir.

– Senhor, perdoe-me a intromissão, mas o que faremos com os dois irmãos ciganos que o senhor pediu para ficarem em sua barraca?

– Deus meu, esqueci-me deles completamente. Por favor, conduzam a moça em minha carruagem e a levem para minha casa. Deixem dois soldados de guarda em turno todas as horas do dia e da noite.

– E você, Rodrigo, você me acompanharia?

Rodrigo não respondeu com palavras, apenas com uma reação imediata. Correu para o estábulo e montou em Hió imediatamente para acompanhar Jorge na cavalgada intensa que teriam até o encontro de sua mãe. Ele e Jorge encabeçavam a fileira de cavalos, fazendo até com que Rodrigo se sentisse como o próprio Conde. Sua irmã Tirá seguia junto às camareiras na carruagem de apoio da comitiva.

– Senhor, para onde estamos indo?

– Vamos até minha casa em Nicomédia. Minha mãe está enferma e precisamos chegar o quanto antes.

– O que ela tem?

– Ainda não sei exatamente. Mas pelas notícias que a mim chegaram ela está muito mal. Há algum tempo ela não anda muito bem, infelizmente.

– Farei uma prece por ela se me permitires. Nós, os ciganos, acreditamos muito na força da prece. Meu pai me ensinou que devemos adorar a Deus acima de qualquer coisa e aos outros como a nós mesmos. E que não devemos nos importar em juntar coisas, pois nada do que temos levaremos para a vida eterna.

– Por isso és cigano?

– Sim, nosotros, ciganos, vivemos guiados pelo vento. São os elementos da natureza o nosso maior patrimônio. Eles nos guiam, nos acolhem, nos dão os sinais que precisamos e nos fornecem os alimentos que precisamos para viver. Não precisamos de nada mais. As florestas são nossas paredes, as copas das árvores, nosso teto. E o vento segue nos servindo de bússola.

– Incrível. Mas como exatamente?

– Para onde ventar, estamos indo. Sem bens, sem riquezas. Só com a felicidade, a família acima de tudo, muita música e alegria. Essa é a nossa vida, assim é a vida gitana.

– Muito bom, Rodrigo! Fico encantado por ter encontrado alguém que pensa como eu. Sabe, meu pequeno amigo, sou cristão e isso me faz a pessoa mais feliz do mundo. Embora tenha sido agraciado pelo imperador com cargos e poder, nada disso me sobe ao pensamento. Estas coisas são apenas frutos de minha dedicação extrema, nada mais. Creio em Jesus, o Nazareno. E é apenas por ele que ainda visto esta farda. Por meio dela consigo ajudar muitas e muitas pessoas inocentes, salvando muitas e muitas vidas. No dia em que essa farda não me ajudar a cumprir esta missão, abro mão dela na mesma hora.

– Seria melhor que fosse cigano. Assim terias também a música e a dança como meios de felicidade para você. – disse o pequeno Rodrigo com um sorriso no rosto, como se estivesse a brincar com o Conde da Capadócia, que o interpelou seguindo no clima leve de brincadeira.

– Muito engraçado você, tentando me ensinar a viver. Percebestes que sou um conde, pequena criaturazinha ousada.

E os dois caíram no riso juntos. Rodrigo, ao se recompor dos risos, respirou fundo e voltou à conversa com Jorge.

– Senhor, se me permitires, posso lhe falar uma coisa?

– Sim, Rodrigo, claro que pode.

– Esse seu cavalo é um puro-sangue árabe?

– Sim, é sim, mas como você saberia disso?

– Trato de cavalos desde meus sete anos de idade.

– Pois veja só, que bom, então sabes como tratar de cavalos?

– Sim, sim, me chamam de encantador de cavalos, pois tenho muita facilidade no trato com animais. De fato é o que mais gosto de fazer na vida, interagir e cuidar dos animais.

– E esse seu, de que raça é?

– Hió é mestiço, uma mistura de berbere com árabe.

– Realmente tens um lindo cavalo.

– Obrigado, senhor. Trato dele com muito carinho, desde que o ganhei do estimado amigo de meu pai, Manuel.

– Já sei o que farei com você.

– O que, senhor?

– Ficarás em minha casa cuidando da pequena tropa de cavalos que tenho, pois esse também é meu relaxamento nas horas vagas: interagir, conversar, cuidar dos meus cavalos queridos.

– Meu Deus, isso é sério!? Seria um enorme prazer cuidar de seus cavalos, senhor. Mas e minha irmã, onde ela poderia ser útil?

– Sua irmã poderia ficar aos cuidados de minha mãe. Tenho certeza de que ela ajudará a todas as mulheres nos afazeres e rapidamente ficará entrosada e feliz em minha casa.

– Obrigado pelo senhor ter se preocupado em cuidar de mim e de minha irmã, não nos entregando para a morte ou ao cárcere.

– Lembre-se sempre, Rodrigo: sou um cristão, com muita honra. E se tem uma coisa que já aprendi na vida é que os cristãos se ajudam, sempre. Você me pareceu um bom rapaz desde o primeiro momento em que lhe vi. E continuo sentindo isso quando olho para você agora. Parece que alguém me sussurra mensagens como: "ande homem, ajude esse menino, ele é uma alma abençoada que você deve ajudar". E com sua irmã, a mesma coisa se sucede.

Vocês acabaram de perder o pai e precisam de ajuda, atenção e carinho. Não estou fazendo isso por nada em troca. Apenas porque sinto que é o certo a ser feito. E assim será.

– Sim, senhor. Realmente estamos precisando de muita ajuda. Obrigado por tudo. Sua ajuda é uma enorme bênção em nossas vidas.

– Agora vamos, vamos andar mais rápido. Preciso ver minha querida mãe.

Todos se puseram a intensificar o galope. As patas dos cavalos pareciam sumir tamanha a velocidade que corriam em meio à poeira que levantava com o galope. Dona Lida, mãe de Jorge, possuía muitos bens e por isso proporcionou uma educação excepcional ao pequeno Jorge, o qual já havia aprendido entre os seus a amar a Deus e a se tornar cristão. Um devoto de Jesus seguia os passos do mestre pregando amor e caridade entre todos. Seus imediatos já estavam convertidos ao cristianismo e seguiam os preceitos de Jorge.

Finalmente o grupo chegou à cidade de Nicomédia, situada no golfo de İzmit, no mar de Mármara, a aproximadamente 100 quilômetros de Constantinopla. A cidade tinha um papel protagonista na época, tanto que o imperador havia determinado que esta fosse a capital do Império Romano do Oriente justamente por sua posição geográfica extremamente estratégica. Hoje Nicomédia é conhecida como Istambul.

– Seja muito bem-vindo, senhor Conde. Uma alegria revê-lo.

– Saudações, Marques. Obrigado. Onde está minha querida mãe?

– Em seus aposentos, senhor!

Marques e outros amigos da família, além dos empregados, receberam o Conde e sua caravana diante da enorme porta frontal da casa. Depois de cumprimentar Marques e acenar a todos com a cabeça, Jorge adentrou rapidamente no grande castelo central, retirou sua espada e repousou-a sobre um móvel de mármore que ficava em uma das paredes da enorme sala que servia de *hall* de entrada. Subiu correndo a escadaria que dava até o quarto de sua mãe. Chegando ao quarto, encontrou o médico que não conseguiu desfazer um semblante grave que trazia no rosto, e sua governanta Lia, que parecia profundamente chorosa e inchada. Cumprimentou-os apenas com o olhar e não demorou a aproximar-se da cama, onde praticamente sussurrou ao ouvido da amada Dona Lida, que parecia não acreditar que seu amado filho estava ali, ao seu lado, em seu quarto, visitando-a.

– Minha querida e estimada mãe.

– Jorge, meu filho, ainda bem que você conseguiu chegar. Tive uns pesadelos horríveis com você, meu filho.

– Minha querida mãe, não se preocupe comigo. Estamos todos aqui para nos preocuparmos com você e com tudo que pudermos fazer para reverter esse seu quadro de enfermidade.

– Meu filho, não se preocupe. Tenho consciência de que é chegada a hora de minha partida. Sinto que não viverei mais ao seu lado, ao menos em corpo físico. Peço-te que se cuide e que cuide bem dos nossos amigos e empregados, que temos como parte da nossa família. Cuide dessa casa que nos serviu de tão alegre lar e de tudo que conquistamos com tanto amor e dedicação.

– Minha mãe, pare de falar bobagens, por favor. Você só está doente. Vamos orar a Deus e a Jesus Cristo para que você se recupere logo e tudo ficará bem. Você vai ver.

Muito fraca e abatida, Dona Lida sente que lhe resta pouco tempo de vida.

– Meu doce filho, sei bem o que estou te falando. Meu tempo na Terra está terminado. A morte bate à minha porta. Estou sendo chamada para a vida eterna. É chegada a hora da viagem que todos temos que fazer um dia.

Sua respiração ofegante alertou ao médico para os cuidados necessários naquele momento.

– Jorge, temos que tomar cuidado para que ela não fale muito e nem se emocione em demasia, pois está muito fraca – comentou o médico.

– Minha doce mãe, vamos ficar em silêncio. Estou aqui e ficarei ao seu lado o tempo que for necessário para a sua recuperação.

Acariciando-a levemente no rosto, Jorge permaneceu firme ao seu lado. Ainda ajoelhado e orando fervorosamente, pegou as mãos de sua mãe, Lida, com bastante força e apertou, numa tentativa desesperada de transferir um pouco de sua vida para ela por meio do calor de suas mãos.

Jorge e Lia então se retiraram para que Lida pudesse repousar, deixando apenas o médico para observá-la. Ao descer as escadas ao lado de Lia, depois de conversarem um pouco sobre sua mãe, Jorge se lembrou de um detalhe:

– Lia, encontrei nesta viagem dois irmãos que rapidamente me fizeram criar enorme estima por eles. O jovem rapaz ficará aos meus cuidados, pois terá uma importante missão junto aos meus cavalos na minha cavalaria. Já a moça, de nome Tirá, é irmã do rapaz. Esta poderia ficar sob seus cuidados imediatos, por favor. Ela é uma pequena cigana, como seu irmão. Eles perderam o pai e todos os amigos da tribo em um combate sanguinolento. Agora, preciso que você cuide dela com todo o carinho possível.

– Pode deixar, Conde, atenderei suas ordens de imediato.

Jorge foi então até seu quarto para tomar um banho e trocar de roupa, tendo orientado a Rodrigo que fizesse o mesmo. Combinou com o menino que depois eles iriam conhecer o estábulo onde ficavam seus cavalos.

O castelo em que Jorge e sua mãe viveram por muitos anos era rodeado de jardins imensos e muito florido. Havia uma pequena estrada de terra que cortava toda a propriedade. À frente do terreno havia uma grande e comprida cerca de madeira branca que separava a área dos animais da área da sede principal. No centro do pasto de passeio dos animais havia um lindo lago onde se podiam ver as nuvens brancas refletidas na água. Um verdadeiro espelho do céu. As cocheiras da cavalaria ficavam do outro lado.

Quando estava em casa, era exatamente neste local que Jorge passava especialmente a maior parte de seu tempo. Sempre muito apaixonado pelos cavalos, Jorge costuma participar de eventos e competições para exibir seu vigor e a beleza de seus animais. Diversos troféus enfeitavam a entrada do castelo em uma grande galeria tratada com muito esmero por todos. Vencedor de campeonatos e corridas de cavalos, Jorge é respeitado e querido por todos os criadores.

– Meu Deus, mas que cavalos lindos!

De imediato, os cavalos logo perceberem a presença de Rodrigo e Jorge, começando a relinchar de alegria.

– Senhor, são estes os cavalos que vou cuidar?

– Sim, Rodrigo, ficarás responsável por eles.

Um dos empregados de Jorge se aproximou da cena.

– Olá, Simeão.

– Olá, senhor Conde.

– Simeão, desejo te apresentar um novo amigo. O jovem Rodrigo, um grande encantador de cavalos.

Simeão aproximou-se e apertou firme a mão de Rodrigo.

– Muito prazer em conhecê-lo, jovem Rodrigo.

– Satisfação, senhor Simeão.

– Rodrigo vai ajudá-lo no tratamento, alimentação e adestramento dos animais.

Os três caminharam no corredor central do estábulo e logo se aproximaram de uma cocheira enorme que ao centro tinha um lindo cavalo branco de crinas longas que chegavam a quase se arrastar no chão. O rabo também era imenso e muito bem tratado. Era um cavalo alto e tinha um porte imperial.

– Veja, senhor, quem o está aguardando.

– Olha se não é meu melhor amigo, Jortam...

– Que cavalo lindo, senhor – exclamou Rodrigo com emoção.

– Este é Jortam, meu jovem, o cavalo principal de minha criação. Um legítimo puro-sangue.

– Ele é lindo demais. Acho que nunca vi um cavalo tão bonito. Ao menos assim, tão de perto.

Após algum tempo acariciando seu cavalo predileto, Jorge afastou-se do local. Não conseguia tirar a situação de sua mãe da cabeça e estava relativamente tranquilo por deixar Jortam e os demais animais em boas mãos, com Simeão e Rodrigo.

– Cuidem bem dos meus animais, amigos. Tenho que tomar algumas providências, vou ver como está minha amada mãe, pois acabo de sentir uma sensação bem estranha. Depois nos encontramos no jantar. Até logo.

– Sim, senhor, pode deixar.

Ao se aproximar da sede central do castelo, Jorge viu Lia aos prantos diante da grande porta de entrada. Ao chegar, Lia o abraçou com muita força e disse apenas para ele ser forte como sua mãe sempre o ensinou, pois sua mãe havia piorado. Jorge subiu ofegante a escada, e ao adentrar no quarto de Lida foi recebido pelo médico, transtornado.

– Lamento, senhor Jorge, estamos fazendo o possível e o impossível para recuperá-la e evitar o pior.

– Doutor, agradeço-te imensamente toda dedicação e atenção com minha amada e querida mãe.

Depois de agradecer ao médico pelos esforços, Jorge então sentou ao lado da cama de sua mãe e segurou suas mãos. Não conseguiu conter as lágrimas que insistiam em correr por sua face entristecida. Ela abriu lentamente os olhos apenas para um último adeus ao seu filho estimado. Lida olhou dentro dos olhos de seu filho e emitiu um sorriso inesperado para alguém que está partindo em uma viagem eterna. Um sorriso que traduzia naqueles poucos segundos todo amor que ela nutria por ele, toda a admiração por aquele menino que se tornara um homem íntegro e guerreiro mediante sua educação e exemplo. Um líder carismático, senhor de todo um exército romano, um cristão de fé, que ajudava a todos por onde estivesse passando.

Por alguns minutos, ainda segurando as mãos de sua mãe, Jorge se recordou de diversas passagens de sua vida ao lado dela. De olhos fechados, ali permaneceu como se assistisse a um filme com cenas de sua existência ao lado daquele exemplo de mulher de fibra e bravura. Pareciam estar conectados não apenas pelas mãos dadas, mas também pelos elos emocionais e espirituais que jamais se deslaçariam entre os dois por toda a eternidade.

Sentindo que realmente havia chegado o momento de sua partida, Jorge abriu os olhos e sussurrou carinhosamente:

– Minha querida e estimada mãe, siga vosso caminho espiritual, vá em paz e que Jesus seja seu guia nessa viagem pela vida eterna.

Acariciando-a levemente, Jorge ainda ajoelhado e orando, apertou as mãos de sua mãe que aos poucos se esfriaram como se a vida ali contida tivesse se esvaído lentamente. Repousada no sono eterno, Lida desencarnou. Lia não conseguiu se conter, deixou o quarto em um surto de choro compulsivo. O médico se dirigiu ao Conde:

– Senhor Conde, meus sentimentos mais profundos. Vou solicitar que Marques nos auxilie nos preparativos do velório.

– Obrigado, doutor faça isso.

Depois de agradecer ao médico, Jorge baixou a cabeça e por um segundo pensou naquele momento. Respirou fundo e fez mais uma prece em nome da alma de sua mãe. Pediu que ela seguisse em tranquila caminhada rumo ao seu destino e que não sofresse nessa viagem. Pediu que, estivesse ela onde estivesse, seguisse acompanhando-o ainda que espiritualmente, pois sentiria muita falta de sua presença sempre firme e companheira, dando-lhe toda forma de suporte e orientação.

Saindo do quarto, cabisbaixo e muito triste, Jorge foi então até seuquarto, e de dentro do seu armário, pegou um pedaço de pano branco onde guardava um embrulho. Ao abri-lo, retirou lentamente um crucifixo de madeira com detalhes em ouro. Apertando-o entre as mãos, chorou sozinho e, em prece a Deus, continuou pedindo por sua mãe. Estando muito cansado com o grande desgaste que a viagem às pressas e toda aquela situação lhe causaram, além de estar profundamente abalado, Jorge caiu então em um sono profundo, ainda agarrado firmemente ao crucifixo que sua mãe lhe dera ainda quando criança.

Acolhidos

Com o coração se pede.
Com o coração se procura. Com o coração se bate e é com o coração que a porta se abre.

Santo Agostinho

– Senhor onde coloco minhas coisas?

– Primeiramente, quem é você?

– Chamo-me Rodrigo.

– E quem é essa menina com você?

– É minha irmã, Tirá.

– Meu Deus, Jorge finalmente ficou maluco. Só me faltava essa. Agora traz essas pessoas moribundas para dentro de casa.

Aproximando-se da cena, Lia o interpela.

– Marques, por favor, recoloque essas palavras infundadas de volta em sua boca e aproveite para ir lavá-la. O Conde Jorge já me falou sobre eles e você está sendo profundamente rude com convidados ilustres do Conde.

– Ora, Lia... "ilustres"?! Como podem ser ilustres esses jovens sujos? Providencie um bom banho em ambos e talvez possa ser que consigamos ver ao menos seus rostos.

– Como me entristecem esses seus comentários, Marques. Acabamos de perder nossa amada patroa e você está aqui nessa incrível demonstração de que não aprendeu nada nesses anos de convivência com ela. Ora, quando digo ilustre não me refiro a poder ou riquezas. São ilustres sim, ilustres convidados pelos quais o Conde me confidenciou enorme estima e carinho. Para o Conde Jorge, eles são ilustres pela importância emocional e não pela importância de tesouros.

– Ah, balela! Vá, então, vá e leve-os, pois estão com um mau cheiro insuportável.

– Venham, meus jovens, vamos providenciar tudo para vocês.

Deixe esse imprestável aí sozinho.

Rodrigo e Tirá ficaram bem incomodados com toda aquela situação delicada. Mas Lia buscou apaziguar aqueles sentimentos sendo bem atenciosa e simpática, parecendo até que recebê-los e explicar todos os detalhes do castelo lhe distrairia e serviria de válvula de escape para a enorme tristeza que tinha no peito pela morte de Lida. Ela então os levou até as dependências dos criados. Chegando lá, depois de mostrar cada detalhe aos dois, deixou que eles tomassem um bom banho e trocassem aquelas roupas sujas e rasgadas por outras novas e cheirosas que foram providenciadas.

A noite caiu suave como um manto esvoaçante de seda lilás sobre o céu de Nicomédia. As estrelas surgiram como pequenas gotículas de cristal espalhadas pela imensidão escura dos céus.

Jorge estava em seu escritório cuidando de diversas providências que estavam pendentes aguardando pelo seu retorno de viagem. Depois que fora nomeado Conde do Exército Romano, Jorge passava cada vez menos tempo em sua casa. Chegou a sentir certo remorso pelo tempo que deixou de conviver ao lado de sua mãe, por outro lado, não acredita no acaso e sabe que se tudo isso aconteceu desta forma era porque havia de acontecer.

Marques entra em seu gabinete e interrompe seus pensamentos:

– Senhor Conde.

– Sim, Marques.

– Já foram providenciados todos os preparativos para o funeral da senhora Lida. A cremação está prevista para amanhã às onze horas da manhã.

– Obrigado, Marques.

– Não tem de que, senhor. Preparei-lhe um jantar especial.

– Sim, já estou indo para a sala de jantar. Onde estão Rodrigo e Tirá, os jovens que chegaram em minha companhia?

– Estão nas dependências dos empregados, senhor. Disponibilizamos um quarto para os dois na ala de serviço.

– Como assim? Claro que não. Marques, por favor, vá de imediato e convide-os para se juntar a mim no jantar. Não é para eles serem tratados como empregados. Lia entendeu tudo errado. Eles devem ser tratados como meus hóspedes especiais. Dê a eles dois dos quartos dedicados para este fim no segundo andar.

– Sim, senhor! Perdoe-me.

Mesmo contrariado com a orientação recebida do Conde, Marques dirigiu--se rapidamente ao quarto de Rodrigo e Tirá para desfazer o mal entendido e informá-lo que o Conde os convidava para o jantar.

– Rodrigo e Tirá, com licença. O Conde Jorge da Capadócia os convida para jantar com ele na sede central do castelo. E, por favor, arrumem também suas coisas, pois recebi orientações para acomodá-los em outros aposentos no segundo andar do castelo.

– Obrigado, Marques, já estamos indo.

E já tentando evitar algum problema caso o Conde viesse a saber como ele havia tratado os dois ciganos anteriormente, Marques buscou dirimir as rusgas em relação ao ocorrido.

– Inclusive, gostaria de pedir-lhes desculpas pelo ocorrido nesta manhã, sinceramente não sabia de vosso prestígio junto ao Conde da Capadócia.

Depois do consentimento e compreensão dos irmãos, Marques então se afastou rapidamente pelo longo corredor que separava a ala dos empregados da sede principal.

– Vamos, Tirá, arrume-se logo. Estou faminto. Nós vamos jantar com o Conde da Capadócia, irmã!

Tirá estava triste e preocupada. Talvez estivesse ainda consternada com a situação que os dois passaram com Marques.

– Não estou com fome nenhuma, Rodrigo.

– Deixa de ser boba e vamos comer logo. Não fique assim preocupada. O Conde me parece ser um bom homem.

– Estou assim também porque estou com saudades do papai. Só de pensar no que será de mim daqui para frente me desespero.

– Fique tranquila, minha irmã querida. Cuidarei de você pelo resto de minha vida. Você não precisa se preocupar.

– Eu sei, meu irmão. Mas o que vamos fazer? Nunca ficamos presos a lugar nenhum e tampouco às pessoas. Principalmente àquelas que não conhecemos direito. Essa gente é estranha, tem hábitos estranhos. Nós não pertencemos a este lugar.

– Confie em mim. Vai dar tudo certo. Agora vamos comer, vamos? Vamos jantar juntos e depois descansar. Antes disso não devemos decidir nada. De barriga vazia, cansados como estamos será uma decisão precipitada, você não acha?

– Não sei se devemos, Rodrigo. Não sabemos onde estamos nos metendo. Além disso, nem teria como eu ir já que mal tenho roupas. Não tive tempo de pegar quase nada antes da batalha e depois, muito menos. E essas roupas que nos deram é de serviço, para trabalhar.

– Espere aí então. Falarei com a Lia. Ela vai te ajudar.

– Não, não faça isso! Estou muito envergonhada com isso tudo.

– Bobagem, Tirá. Espere que volto já.

Rodrigo saiu à procura de Lia.

– Senhora Lia, com licença, posso lhe falar por um segundo?

– Sim, meu jovem Rodrigo, claro. O que desejas? – disse Lia, sempre carinhosa e recebendo-o com toda atenção.

– Minha irmã Tirá... ela está com vergonha de todos aqui. Quando nosso grupo foi atacado não tivemos tempo de pegar quase nada. Agora o Conde nos convidou para jantar no castelo. Minha irmã está preocupada por não ter vestes apropriadas para a ocasião.

Com um sorriso no rosto, Lia acalmou Rodrigo dizendo que isso era muito fácil de resolver. Foi rapidamente na sede central e buscou dois belos vestidos para Tirá.

– Olhe, Tirá, veja estes vestidos que eu trouxe para você. Veja se você gosta – disse Lia com um sorriso contagiante no rosto.

– Desculpe-me, não quero fazer desfeita, mas é que não são roupas ciganas.

– Desculpe, minha jovem, mas roupas ciganas nós não conseguiremos. Ao menos em um espaço tão curto de tempo. O que tenho são essas que sei que ficarão muito boas em você. Por que você não as experimenta e me diz?

– Deixe de bobagem, Tirá. Use essa roupa mesmo. Esse vermelho é o mais bonito. Olhando rápido até parece roupa cigana. – Provocou Rodrigo querendo logo ir para o jantar por estar com muita fome.

– Experimente, minha jovem. Se você não gostar, veremos o que podemos fazer – Lia reforçou.

Tirá foi então até a parte do vestiário do quarto, toda cabisbaixa, por temer desrespeitar seus costumes ciganos. Ao voltar, deixou os dois extasiados. Estava simplesmente linda. Uma verdadeira mulher denunciando as curvas de seu corpo delineado pela juventude de adolescente. Cabelos lisos, negros e soltos, exatamente como os de sua mãe, lhe garantiam uma beleza fora do comum, juntos a seus olhos azuis expressivos, com toda a vibração de um olhar cigano.

– Nossa! Eu não imaginava que você era tão linda assim – confessou Lia, ainda estupefata com aquela beleza selvagem e exótica de uma cigana na flor da idade.

– Ela é linda mesmo, né Lia? Você precisa vê-la bailando na festa cigana. A tribo inteira parava para ver. É indescritível. Uma coisa linda mesmo de se ver sabe?

– É mesmo? Pois sim, meu jovem Rodrigo, sua irmã é uma bela dama.

– Vamos, Tirá, o Conde está a nos esperar.

Embora muito envergonhada, Tirá segue com o irmão para a sala de jantar onde Jorge os aguarda.

Ao vê-la chegando à sala, Jorge levantou-se e sentiu um furor em seu coração. Não conseguiu disfarçar a emoção que sentia ao encontrar tanta beleza em uma só mulher. Os olhos dos dois se encontraram por alguns segundos antes que Tirá abaixasse o rosto de forma tímida e envergonhada.

Mesmo para um Conde que estava acostumado com as mais lindas mulheres da corte e das viagens por toda a Europa, Jorge sentiu-se profundamente encantado com aquela beleza cigana peculiar e com traços fortes. Aproximou-se de Tirá, e com leveza levantou seu rosto tocando levemente em seu queixo. Ao encontrar novamente seu olhar, agora mais de perto, lembrou-se do mesmo olhar que trocaram no momento em que se encontraram pela primeira vez, ainda no acampamento dizimado.

– Boas-noites, conde – disse Rodrigo já envergonhado por estar ali acompanhando a cena de romance entre os dois.

– Boas-noites, jovem Rodrigo. Como estão? Tudo bem?

Jorge ficou meio embaraçado com os minutos que demorou em recobrar os sentidos depois de ver Tirá e tentou se disfarçar.

– Sentem-se. Vou pedir que comecem a servir as bebidas e o jantar. Ah, e por favor, não me chamem de Conde. Para vocês sou simplesmente "Jorge".

– Sim, senhor, a partir de hoje o chamaremos de Jorge – concordou Rodrigo.

Já à cabeceira da mesa, espaço reservado para o dono da casa, e com os irmãos em cada lado se acomodando e olhando sorridentes para ele, Jorge puxou assunto.

– Como está encantadora, minha jovem Tirá!

– Obrigada, senhor. Lia me emprestou estas roupas.

– Muito bem escolhidas por sinal. Vocês estão com fome?

– Sim, estamos! Muito – disse Rodrigo.

– Então, vamos dar início ao jantar e resolver logo essa questão.

Jorge demonstra alegria em ter a companhia de Rodrigo e Tirá, apesar do momento difícil pela perda de sua mãe. De certo modo, aqueles dois jovens traziam um sopro de esperança e renovação para aquele grande castelo, que já vira dias melhores. Grandes festas foram organizadas ali pela família de Jorge. Obviamente, o assunto do falecimento de Lida não foi pauta do jantar. Evitando falar das tristezas, que não foram poucas nos últimos dias, Rodrigo contou a Jorge histórias das viagens que fizeram com seu pai e sua mãe. Conversaram alegremente sobre os lugares, os costumes locais, as comidas e, claro, sobre cavalos, tendo em vista a paixão em comum que os dois nutriam pelos animais. Jorge estava encantado não apenas pela beleza de Tirá, mas também pela desenvoltura e inteligência emocional do jovem Rodrigo. Um jovem carismático, sensível, emotivo e do bem, que já havia vivido tantas aventuras em tão pouco tempo de vida.

Após a refeição, caminharam até o grande salão principal do castelo para um último aperitivo antes de dormirem. Jorge serviu uma dose de licor de menta, bebida bem costumeira por aqueles territórios e preparada artesanalmente nas propriedades do Conde. Depois de conversarem por mais algum tempo, todos estavam denunciando o cansaço com seguidos bocejos. Decidiram seguir para os quartos para repousarem daquele longo dia repleto de acontecimentos.

Jorge acompanhou Tirá até a porta de seu quarto a passos lentos para conversarem mais um pouco. Rodrigo seguiu à frente para não atrapalhar a conversa dos dois. Eles caminhavam lado a lado, sem nenhum assunto. Ambos envergonhados, simplesmente caminharam em um silêncio de contemplação e admiração um pelo outro. Logo se despediram desejando boa-noite mutuamente.

Quando Tirá entrou nos aposentos dedicados a ela, assustou-se ao ver que Rodrigo estava sentado em uma cadeira próxima à escrivaninha no canto oposto à grande cama de casal. Em um tom de brincadeira provocou a irmã:

– Tirá, acho que o Conde está bem apaixonado por você.

– Deixa de bobagem, Rodrigo. E olha, vá dormir que não é hora de conversa. Estamos muito cansados. Boas-noites!

Rodrigo riu ao perceber que a irmã estava realmente embaraçada. Percebeu que o que era para ser um comentário engraçado acertou em cheio ao temor da irmã de se envolver emocionalmente com um não cigano. Tentou apaziguar, dizendo para a irmã confiar no destino e não se preocupar com mais nada, apenas com sua felicidade. E se retirou rumo aos seus aposentos, deixando Tirá pensativa.

Tirá preparou-se para deitar e repousar daquele dia intenso. Logo percebeu que não seria fácil pegar no sono. O olhar penetrante do Conde não lhe saía da cabeça. Sentia em seu coração algo diferente. Parecia apertado, mas não de tristeza, embora não faltassem motivos para isso. Tirá estava sim muito abalada com toda a sequência de acontecimentos, como a morte de sua mãe, de seu pai e amigos da tribo e da mãe de Jorge para completar.

Porém, estava de certo modo conformada com estes ocorridos, pois é costume entre os ciganos não sofrerem com a morte exatamente por acreditarem que ela não existe. Todos são reencarnacionistas.

O que realmente estava tirando o sono de Tirá era Jorge, isso não tinha como negar, não havia como disfarçar. Também, pudera, ele era um rapaz muito bonito, elegante, forte e alto. Trazia um charme de cavaleiro do exército que o tornava marcante e inesquecível. Um verdadeiro príncipe almejado e desejado por praticamente todas as mulheres da corte. E além de tudo era um conde.

"Meu Deus!", pensava Tirá. "Por que um homem desses ia se encantar comigo, uma mulher que nem feita sou ainda? Um homem tão bonito encantado comigo? Claro que não. Rodrigo só pode estar zombando."

Depois de muito tentar, Tirá conseguiu cair no sono. Quando já estava em um sono profundo, sua mãe apareceu em seu sonho. Mostrou-lhe que Ruí estava bem e que, entretanto, sua mãe estava com um semblante preocupado. Logo Tirá entendeu o porquê. Sonja lhe falou para que tomasse cuidado com sua vida e com a vida de Rodrigo.

Tirá percebeu que sua mãe estava rodeada por um lindo jardim de rosas vermelhas. Aparentava a beleza de sua juventude e vestia roupas bem floridas e coloridas, que enalteciam ainda mais seus cabelos negros e lisos. O fato de estarem soltos e ao vento impressionaram Tirá, pois quando em vida sua mãe estava sempre de cabelos presos. Aquela linda imagem ficou guardada em seu subconsciente e, quando acordou, estava com um sentimento profundo de felicidade e paz por ter constatado que sua mãe e seu pai estavam bem.

* * *

No dia seguinte, nos aposentos do Conde Jorge, Marques abriu as enormes cortinas que resguardavam as janelas imensas do castelo.

– Senhor, bons-dias, trouxe-lhe seu café.

– Obrigado, Marques. Por favor, peça para Lia comprar alguns vestidos para a menina Tirá. Compre tudo do bom e do melhor para ela, não economize. Veja se Rodrigo precisa de algo também.

– Sim, senhor Conde, pode deixar. Falarei com ela e com Rodrigo prontamente. Não se esqueça de aprontar-se, pois os convidados já estão começando a chegar para a sessão de cremação de Dona Lida. Sua farda já está separada e preparada para a ocasião.

– Obrigado, Marques, já estou indo.

Jorge tomou rapidamente seu café e seguiu para o banho. Logo em seguida, colocou sua farda de conde e desceu para o salão principal onde amigos, parentes e convidados já conversavam, aguardando-o.

– Inestimável senhor conde, lamentamos imensamente vossa perda.

– Vossa mãe era uma mulher extraordinária. Partiu e deixará saudades a todos da corte.

– Obrigado, companheiros – Jorge agradeceu a enxurrada de bajulações e condolências de uma forma gentil, mas meio embaraçada por não saber como lidar com toda aquela situação sensível.

Todos participaram de forma muito emocionada das homenagens de despedida de Dona Lida. Jorge estava profundamente triste é foi consolado por todos. Fez um belo discurso seguido de uma prece inesquecível como último tributo à sua mãe amada. O corpo de Lida foi então levado para ser cremado em uma casa de cremação existente na Capadócia. As cinzas de Lida retornaram no fim do dia para serem colocadas em uma capela na propriedade da família, ocultada por imensos jardins e uma selva muito densa. A capela fora construída em segredo por homens de confiança de Jorge.

Após a cerimônia, Jorge retornou ao seu quarto para descansar. Sentiu falta de Rodrigo e principalmente de Tirá, que só participaram da primeira parte da cerimônia, pois acharam que a parte final deveria ser mais íntima, apenas para os familiares mais próximos.

Porém, o que Jorge não sabia era que Tirá acompanhou a segunda parte da cerimônia de longe, escondida na selva de onde conseguiu uma boa visão da capela. Não era sua intenção descobrir tal segredo de família. Seguiu Jorge por estar muito preocupada com ele. E sofreu muito ao ver que Jorge estava triste e chorando muito. Sentimentos estranhos em seu coração a deixavam impaciente e preocupada com a tristeza de Jorge. Suas mãos ficaram frias e o corpo estremecido ao ver a dor do Conde da Capadócia.

Durante todo aquele dia, Jorge manteve-se em oração em seus aposentos, não saindo nem mesmo para as refeições do dia.

* * *

Na manhã seguinte, a cena corriqueira se repetiu. Marques sempre providenciava o desjejum do Conde e o acordava, abrindo as cortinas de seus aposentos.

– Bons-dias, Senhor!

– Bons-dias, Marques!

– Trouxe-lhe seu desjejum!

– Obrigado, meu querido, mas hoje, particularmente, vou preferir tomá-lo à mesa. Por favor, convide Rodrigo e Tirá para juntarem-se a mim, pois preciso falar-lhes.

– Sim, senhor. De imediato.

– Obrigado, Marques. Ah, já ia me esquecendo: já providenciou com Lia as roupas novas para Tirá e Rodrigo?

– Sim, senhor. A Lia pessoalmente já providenciou tudo conforme o senhor nos orientou.

– Muito obrigado, Marques. Depois agradecerei a Lia.

Jorge deu uma atenção toda especial à sua aparência nesta manhã. Vestiu sua melhor farda de gala para uma ocasião particularmente solene. Viajaria no dia de hoje até a corte imperial e precisava se apresentar de forma impecável. Depois de verificar cada detalhe de sua vestimenta, deixou seu quarto e caminhou pelo longo corredor do castelo que levava até a grande escada central para dali seguir até a sala do café onde se encontraria com Tirá e Rodrigo. A sala do café localizava-se em frente a um enorme jardim de lindas acácias que nessa época do ano estavam justamente no seu ponto de flora. Grandes vitrôs separavam a parte externa da ala interna, emoldurando essa linda vista de toda a propriedade que havia no entorno do castelo.

Quando Tirá chegou à sala do café, atendendo ao convite de Jorge que fora repassado por Marques, o Conde já aguardava à mesa. Ao ver Jorge com a farda de gala mais solene de todas, Tirá sentiu novamente aquela sensação de extrema alegria e emoção. Um aperto gostoso no coração lhe tornava o peito em brasa. Era impossível conter esse turbilhão de sensações toda vez que se encontrava com ele. E a cada novo encontro, ao invés de diminuírem, essas sensações só aumentavam. Era só reencontrá-lo que seus olhos brilhavam cintilantes como estrelas cadentes que cruzam o céu lilás da Capadócia.

Percebendo que Tirá parecia constrangida com aquele momento de silêncio e troca de olhares e sorrisos, Jorge buscou iniciar a conversa com o intuito de transmitir serenidade para ela.

– Olá, Tirá. Olá, Rodrigo. Como vocês estão? Estão sendo bem tratados em minha residência?

– Sim, meu senhor. Mais do que bem tratados, estamos nos sentindo muito especiais. Ah, e gostaria de agradecer-lhe pelas roupas novas que a senhora Lia comprou para mim. Lindos vestidos, blusas, saias e tudo mais.

– Então estou feliz, pois meu pedido foi atendido. Solicitei à Lia e demais empregados que fizessem de tudo para que vocês se sentissem especiais. Que bom!

– Desculpe-me apenas minha cara meio amassada. Não dormi bem esta noite.

– Mas o que houve, Tirá? O que você teve esta noite? Alguma coisa a incomoda? Algo em que possa ajudar?

– Não, senhor, nada que justifique lhe preocupar.

– Não se preocupe, senhor Jorge, Tirá demora um pouco mais para se adaptar aos novos lugares, com seus novos hábitos e costumes. Já, já ela estará bem melhor – contemporizou Rodrigo.

– Quaisquer problemas que vocês tiverem, por favor, não pensem duas vezes. Procurem por Lia ou pelo Marques, pois eles estão orientados a ajudar vocês em tudo.

– *Nais tuke, Deula...* quero dizer, obrigado, senhor; se precisarmos de alguma coisa, procuraremos a ajuda deles, pode deixar.

– Isso que você falou é em que língua? Algum dialeto cigano?

– Sim, é em *romani posha*, a língua cigana que falávamos na tribo e ainda conversamos entre nós – disse tirá, apontando para Rodrigo.

– Pois bem, muito bonita. Depois quero aprender mais palavras. E você, meu querido jovem Rodrigo, está gostando de sua nova vida?

– Sim, Jorge, apesar de estar muito triste com o ocorrido com meu pai, sinto-me confortado com as tarefas que você me deu. Distraem-me e de certo modo me aproximam de meu pai, já que os cavalos e o trato com os animais sempre foram um forte elo emocional entre nós.

– Fico muito feliz que estejas assim. Pois bem, aproveitemos o café. Assim que terminarmos o desjejum, queria pedir-lhe que apronte meu cavalo, pois vou dar uma volta pela propriedade. Faz tempo que não converso com Jortam – disse Jorge sorrindo, confessando que tinha em seu cavalo um grande amigo confidente.

– Pode deixar, senhor. Já alimentei os cavalos hoje cedo e escovei as crinas. Sempre tive por hábito acordar logo que o dia se inicia para conversar com os animais.

– Mas, como assim? Conte-me. Você conversa com os animais?

– Sim, gosto de conversar com eles. Os animais têm uma linguagem própria, você sabia? – disse Rodrigo, sorrindo.

– Jura? Mas como assim?

– Não sei explicar ao certo. Sei dizer que consigo entendê-los por meio de seus gestos, seus olhares, seus movimentos, cada detalhe de seu caminhar e o jeito que se comportam. Tudo isso já é tão natural para mim, que sinceramente parece que os ouço me dizendo as coisas...

– Nossa! Impressionante tudo isso que estais a me falar. Espero que estejas bem feliz fazendo o que gostas. Um dia, quem sabe, você me ensina ao menos um pouco disso tudo que você sabe para que eu possa compreender melhor meus animais.

– Sim, estou muito feliz com minha missão junto aos animais, senhor. Bom, estou satisfeito! Não gosto de perder muito tempo. Mas, obrigado, estava tudo maravilhoso. Agora, estou indo preparar seu cavalo para estar tudo certinho quando o senhor quiser partir.

– Obrigado, meu jovem Rodrigo.

Rodrigo deixou sorridente a sala de café e partiu em direção à cocheira para selar e aprontar Jortam, o cavalo de Jorge. Tirá ficou automaticamente vermelha de vergonha pelo simples fato de permanecer na sala de café sozinha com Jorge. Ele, logicamente, percebeu a timidez de Tirá e a convidou para caminhar nos jardins de seu castelo.

– Venha, Tirá, quero lhe mostrar uma coisa.

– Sim, senhor.

– Mas antes posso te pedir um favor?

– Claro, senhor.

Com um leve sorriso nos lábios, Jorge a advertiu com carinho:

– Não me chame mais de senhor – pedido que foi seguido de uma sequência de gargalhadas de Tirá e Jorge. Tirá, depois de se recompor, disse sorridente:

– Perdoe-me, Jorge, tinha esquecido seu pedido.

Os dois seguiram a caminhar na estrada decorada com pedras que cortava os enormes jardins do castelo. Jorge mostrou a Tirá as flores e árvores plantadas ainda como mudas por ele e por sua mãe. De repente uma grande tristeza invadiu o peito de Jorge. Tirá percebeu o momento sensível e, para suavizar e distrair Jorge começou a falar sobre as curiosidades da vida cigana. Contou-lhe histórias de suas viagens, descobertas, perigos e andanças. Falou dos amigos que tiveram que partir para outros territórios ou para outros mundos e planos. Com muito carisma e alegria, conseguiu arrancar diversos sorrisos de Jorge, deixando-o mais feliz. Ao final, ainda lembrou-se de comentar com ele os ensinamentos de seu pai, Ruí, a respeito da morte. Contou-lhe da existência da vida eterna e que ninguém morria. Apenas muda-se de lugar, conforme a evolução.

Jorge observou que o dia estava especialmente bonito. Havia muitos pássaros cantando de forma exuberante por entre as frondosas árvores que embelezavam sua propriedade.

Os laços entre Jorge e Tirá se estreitaram nessa manhã agradável que passaram juntos. Por mais precipitado ou estranho que isso poderia parecer, Jorge não conseguia conter a sensação de que diante de si naquela manhã estava a mulher que ele sempre desejou para viver ao seu lado. A cada olhar, a cada ajeitada nos cabelos, a cada sorriso, crescia em seu coração um sentimento de reencontro e amor sincero. Era como se ele e Tirá já estivessem juntos havia muito tempo, mas só agora ele a teria encontrado. Foi então que Jorge não se conteve.

– Tirá, desculpe-me, sinceramente se eu parecer inoportuno ou precipitado, mas, não consigo deixar de sentir algo muito forte em meu coração toda vez que te vejo. Não sei por que estou ansioso de te falar tudo isso. Sinto como se não tivéssemos muito tempo, e que ele não será nosso aliado. A verdade é que sinto em meu peito uma enorme paixão ardendo que vibra intensamente a cada vez que olho em seus olhos. A cada momento em que testemunho seu jeito forte e inocente de ser. Cada vez que escuto suas doces palavras que sempre me encantam. Gostaria muito de tê-la como minha esposa.

Os lábios de Tirá tremiam de nervosismo. Buscou abaixar a cabeça para esconder o rosto em um recurso de extrema timidez típica de uma doce menina cigana. Buscou forças não se sabe muito bem de onde para conseguir falar exatamente o que sentia para Jorge.

– Jorge, não sei como falar isso, mas sinto exatamente o mesmo em meu peito. Tudo, da forma como você descreveu tão bem. Desde o primeiro dia em que te vi sinto que algo está se tornando mais profundo em meu coração. Seus gestos, suas palavras, seu olhar, até seu cheiro, tudo me encanta e me transfere a um mundo de amor e de sonhos.

Envergonhada, Tirá abaixou sua cabeça depois de conseguir falar ainda que com a voz trêmula. Jorge, de frente para ela, pegou suas mãos frias de tanto nervosismo, e as segurou com muito carinho, buscando lhe transmitir segurança e acalmá-la. Acariciou seu rosto moreno. Foi quando os olhos se encontraram e a paixão eclodiu em um singelo e caloroso beijo. Trêmulos como crianças, os dois se abraçaram longamente e sentiram seus corações acelerarem em um ritmo incontrolável. Tirá sentiu em seu peito uma felicidade profunda que a transportou para sua infância. Subitamente se afastou do corpo de Jorge e colocou-se a correr pelos jardins do castelo. Jorge se assustou com a reação de Tirá e levou um tempo até que caísse em si e começasse a correr atrás de sua amada. De repente eram duas crianças felizes, correndo e rindo muito, encantadas pelo encontro de um amor eterno.

Depois de algum tempo juntos a namorar nos jardins, Jorge falou com Tirá que precisava falar com Rodrigo imediatamente sobre a paixão dos dois. Queria logo informá-lo do compromisso, evitando mal-entendidos ou disse me disse. Tirá inicialmente se mostrou bem receosa com a ideia, mas logo concordou e até admirou Jorge pela sua atitude. Jorge despede-se de sua amada e vai à procura de Rodrigo.

– Marques, sabe onde o jovem Rodrigo se encontra?

– Senhor, a última vez que o vi estava preparando seu cavalo lá na cocheira.

– Obrigado, Marques.

Caminhando rapidamente, Jorge seguiu rumo à cocheira ao encontro de Rodrigo para conversar com ele o mais rápido possível.

– Rodrigo, preciso falar-te urgente:

– Oi, senhor Jorge, o que houve? Aconteceu alguma coisa?

– Jortam já está preparado para sua partida.

– Obrigado, Rodrigo. Mas preciso conversar com você. E não seria sobre Jortam. Embora seja um assunto extremamente delicado e profundo, vou optar por ir direto ao ponto, pois tenho a certeza plena do que vou lhe dizer... eu e sua irmã Tirá somos almas gêmeas. Nós vamos nos casar. Gostaria de pedir o seu consentimento.

Rodrigo não sabia se sorria ou se contornava a cara de assustado. Embora já tivesse percebido o encanto que surgia entre os dois quando estavam juntos, uma decisão desta magnitude não deixa de causar um furor, um susto, um momento de reflexão. Mas, sem titubear e sem conseguir mais esconder sua alegria, Rodrigo abraça Jorge com emoção.

– Jorge, consentir a felicidade de minha irmã é uma emoção indescritível. Sinto, desde o primeiro momento, que vocês nasceram um para o outro. Algo me diz, ou alguém parece me sussurrar que vocês são almas que precisavam se encontrar. Ou se reencontrar.

– Como assim, Rodrigo?

– Desde a primeira vez que Tirá olhou para você, transformou-se na mulher mais feliz do mundo. Seus gestos, suas palavras e seu encanto denunciavam que algo muito forte estava ocorrendo entre vocês. Tirá é um espírito muito abençoado. Meu pai sempre nos contava que, pouco antes de ela nascer, recebeu a visita de anjos dentro de um sonho intenso do qual acordou encharcado de suor. Os anjos disseram que Tirá era um espírito de muita luz que viria em uma missão de paz e redenção. Enfim, sem delongas, o que sei é que minha irmã está encantada pela vossa pessoa desde o primeiro momento que lhe viu. E se este encontro de almas proporcionará uma felicidade imensa para minha irmã amada, que eu tenho a certeza que ocorrerá, eu assino embaixo do que vocês decidirem.

– Você não imagina como suas palavras me alegram. Mas você sabia disso o tempo todo e não me disse nada? Eu sou um tolo mesmo.

– Jorge, já estamos aqui há algum tempo. Você tem sido um amigo incomparável. Uma pessoa tenra e gentil. E, principalmente, um cristão genuíno e verdadeiro. Ensinou-nos a seguir ainda mais fortemente o espírito modelo de Jesus e a amar a Deus sobre todas as coisas. Isso para nós, que somos ciganos, não foi uma tarefa muito difícil. Meu pai sempre nos falou da vida eterna, e você plantou em nossos corações a certeza deste Deus maravilhoso que muito nos ama e nos quer. Não acreditamos no acaso. Sabemos, lá no fundo, que nossas histórias tinham que se cruzar. Vá em frente e sejam muito felizes juntos. O que estiver ao meu alcance para ajudá-los nisso, o farei.

– Que alegria imensa! Que furor em meu peito! Obrigado, meu amado Rodrigo. Vou agora mesmo mandar preparar uma festa para celebrarmos nossa união junto aos amigos e familiares.

– Faça isso. E conte comigo para sua felicidade.

– Obrigado, amigo. Agora vou falar com Lia e Marques para providenciar os preparativos, desejo que seja uma linda festa. Mantenha Jortam selado, pois vou convidar sua irmã para juntar-se a mim na volta pela propriedade. Ela vai adorar.

Amor de Vidas

Cristo será, tanto agora como sempre,
engrandecido no meu corpo, seja pela vida,
seja pela morte.

Filipenses 1:20

* * *

A FESTA DE CASAMENTO DE JORGE E TIRÁ dura três dias e três noites, como manda a tradição cigana. Foram dias intensos de alegria, festejo e cumplicidade. Todos se divertiram muito e desejaram ao Conde Jorge da Capadócia muitas felicidades. Amigos e familiares distantes, vindos das mais diferentes regiões da Capadócia, vieram para a comemoração do casamento de um dos homens mais almejados de toda corte e que estava se casando com uma cigana. Todos respeitaram sua decisão sem questionamentos.

Isso sem contar no encantamento que Tirá proporcionou a todos. A bela cigana os conquistou de imediato com tamanho vigor e expressividade *gipsy*, emanando simpatia e luminosidade por todos os poros. Em toda a corte o comentário era geral. Todos viram no casal a junção exemplar de alegria, paixão, felicidade e amor.

Além de encantar pela beleza peculiar e marcante, Tirá também se destacou pela gentileza com que lidou com todos os amigos de Jorge. Recebeu todos os convidados com muito carisma e calor humano, sempre contando com o apoio de Lia, que ensinou-lhe os hábitos mais clássicos na recepção de convidados, passando ainda pela forma de se vestir e até como usar os talheres e taças nas refeições mais tradicionais. Isso a tornou uma mulher perfeita, já que a beleza de imediato a diferenciava das demais mulheres da corte.

Mas nem tudo são flores na Capadócia. Ao saber da união de Jorge, o imperador ordenou que alguns de seus homens de confiança vasculhassem a vida de Jorge e Tirá para obter maiores informações sobre esta união, que ele considerava descabida para os costumes da época.

– Jorge, Jorge... – um mensageiro da corte o procura no portão principal da propriedade.

– Vá com os homens e autorize-o a entrar, Marques. Vá com ele até meu escritório aos fundos do castelo, que o encontro por lá.

* * *

– Bom-dia, senhor Conde, trago-lhe uma mensagem especial do imperador para vossa excelência.

– Obrigado, senhor Jolie, obrigado. Vou pedir que lhe sirvam água e uma refeição. Deve estar exausto com o trajeto que, segundo posso perceber, fora feito com grande velocidade – Jorge, como sempre, muito gentil para com todos.

– Obrigado, Conde, tenho que voltar à corte de imediato. Mas muito obrigado pela gentileza.

– De nada, companheiro. Eu é que agradeço a mensagem.

Jorge aguardou a saída do mensageiro e sentou-se à sua mesa, que um dia fora de seu pai. Era uma mesa enorme, esculpida artesanalmente em madeira e tufo calcário originalmente retirado dos territórios ao sul da Capadócia. A mensagem do imperador, trazida por Jolie, exigia a presença de Jorge urgentemente na Corte. Depois de refletir por alguns minutos sobre o chamado, Jorge foi até a sala de estar, para ter, com Tirá, uma conversa:

– Tirá, preciso falar-te com urgência! Terei que partir em viagem imediata ao Palácio Central. O imperador deseja falar-me e solicitou minha presença.

– O que houve, amor, tens algum problema para resolver lá?

– Não que eu saiba. Já faz algum tempo que não me encontro com o imperador. Mas tenho estado muito preocupado com algumas notícias que me chegam de lá. Confesso que o imperador, com suas imposições, vem obrigando o povo a seguir os deuses de Roma, impondo regras nos povoados que precisam se submeter ao Império. Isso tem me incomodado em demasia. Não acho justo, porque as pessoas estão sofrendo. Acho que deveriam ter a opção de aceitar ou não. Que possam eles caminhar com sua fé em outras direções, junto a outras crenças. E, acima de tudo, todo o meu esforço está sempre em evitar a morte de cristãos inocentes. Com isso, jamais poderei compactuar.

– Meu amor, por favor, não crie atritos com o imperador. Sabes que nada lhe pode acontecer, não é mesmo? Eu não saberia viver sem você ao meu lado.

– Fique tranquila, sou um homem de posses. E posses aqui valem muito.

– Mas não estou confortada com essa situação. Meu peito está apertado de preocupação agora.

Aproximando-se de Tirá, Jorge a toma nos braços em um gesto que buscava transmitir-lhe a sensação de calma.

– Meu amor, fique tranquila. Retornarei rapidamente desta viagem para ficar ao seu lado. Parto amanhã, bem cedo, mas quando você menos esperar estarei novamente aqui com você, vamos combinar assim?

– Está bem. Se assim desejas, estarei imersa em orações para que tudo corra bem com sua ida ao Palácio Central.

– Obrigado, querida! Não se preocupe, sei me cuidar.

Marques manda avisar a Rodrigo que o Conde precisa de seu cavalo pronto pela manhã, pois viajará para um encontro com o imperador.

* * *

O véu lilás se debruçou novamente sob o céu de Nicomédia. Uma forte luz coberta por extensa névoa envolveu a cocheira onde Rodrigo estava. Havia um silêncio inspirador nas cocheiras naquele momento. Silenciosamente, os cavalos deitavam-se, como se pudessem sentir a energia que envolvia todo o ambiente.

Rodrigo não se assustou com o fenômeno. Estava acostumado a ver e pressentir coisas desse tipo desde menino. Mas aquele acontecimento o deixara de joelhos no chão conclamando para que aquela luz se comunicasse com ele. De repente, de dentro da névoa branca e densa, surgiram dois vultos que se aproximaram dele a passos lentos. Os dois espíritos que ali estavam se identificaram como arcanjos de proteção a Jorge.

– Rodrigo, não se assuste, somos mensageiros de Deus e precisamos que você saiba o que vai acontecer a partir deste dia em diante. Seu mentor está conosco nessa missão. Embora não esteja presente neste momento, é sabedor de tudo o que iremos te contar.

Ainda perplexo com tanta beleza reunida ali, diante de seus olhos azul-claros, Rodrigo se manteve ajoelhado, estupefato com tudo aquilo.

– Embora sejamos espíritos protetores de Jorge, não teremos como impedir o que está por vir. Jorge passará por uma prova muito grande. Talvez a maior que um homem possa vir a enfrentar. Ele deverá se mostrar um guerreiro contumaz, impersuadível. Estamos aqui, diante de você, Rodrigo, porque desejamos que você seja nosso representante encarnado para auxiliá-lo neste momento.

– Meu Deus, que lástima! Mas ele conseguirá superar essa prova? Meu Deus! E Tirá? E minha irmã? Senhores estou à disposição do bem, para ajudá-los, mas desculpem-me o momento de desespero.

– Natural, meu jovem cigano. Jorge superará sim esta prova à qual será submetido. Mas talvez não da forma como vocês, encarnados, entendem como superação. Ele estará cumprindo nos próximos dias uma missão muito nobre, mesmo que para isso tenha que desencarnar e ser martirizado, por amor ao povo cristão. Ele irá sofrer e será morto pelas almas pagãs a serviço do imperador. Sua missão terminará como encarnado, pois sim. Mas será louvado por muito tempo, por décadas e séculos, como o"santo protetor dos injustiçados". Será o companheiro e guardião soberano daqueles que percorrem estradas e daqueles que constituem cavalarias em todo o mundo. Mas, agora, sua missão chega ao fim na Terra. Caberá a você, Rodrigo, acompanhar Tirá em sua viuvez. Jesus,omestre, nos conclamou à piedade e ao amor para com o próximo. Você precisará ser forte e terá que seguir para outros lugares, sempre acompanhado de Tirá, que não poderá viver nestas terras.

Lágrimas desceram pelos olhos de Rodrigo ao saber da triste notícia. Logo, seus pensamentos se voltaram para o tempo em que seu pai fora assassinado pelos soldados romanos, e a tristeza é esmagadora em seu coração.

– Senhor Anjo, seguirei vossas recomendações. Só vos peço que não meabandone nesta vida. O compromisso que assumo agora com vocês é um compromisso de eternidade. Fiquem tranquilos que cumprirei com nosso acordo. Por favor, agradeçam ao meu mentor por estar sempre perto de mim, orientando-me e ajudando-me em minhas provas.

– Obrigado, Rodrigo. Sabíamos que poderíamos contar com seu apoio no plano material. Estamos há muito tempo ao seu lado e nunca o abandonaremos. Você sabia que seu encanto com os animais não é um dom elementar deste mundo? Siga com sua fé verdadeira e cumpra sua missão na Terra, pois o que podemos lhe adiantar é que você terá muitas e muitas missões ainda pela frente, uma mais bonita do que a outra.

Rodrigo, cada vez mais encantado e vislumbrado, agradeceu.

– Obrigado, amigos. Lamento tudo o que iremos passar. Resta seguir suas orientações e confiar em Deus.

– Confie sim, meu filho, estaremos sempre ao seu lado.

A névoa se desfez, subitamente, logo que os anjos partiram. Os cavalos que haviam se deitado, levantaram e pareciam também estar emocionados. Rodrigo, ainda de joelhos, permaneceu por algum tempo a orar, agradecendo a oportunidade de comunicação com entidades tão iluminadas e também pedindo misericórdia a Deus, rogando-lhe forças para aceitar os desígnios dos anjos.

Refazendo-se rapidamente, Rodrigo percebeu que Marques aproximava-se do corredor central da cocheira.

– Rodrigo, o que houve? Sente-se bem?

– Sim, amigo, estou bem.

Percebendo que lágrimas corriam pelo rosto de Rodrigo, Marques busca ajudá-lo.

– Estavas chorando, Rodrigo?

– Não, Marques, algo me incomodou nos olhos, só isso.

– Não me parece verdadeira sua resposta, mas, enfim. O Conde pediu que preparasse seu cavalo, pois vai sair em visita ao imperador logo pela manhã.

Rodrigo refez-se do ocorrido e distanciou-se do estábulo. Caminhou pelo enorme gramado até chegar a uma cascata de água que havia próximo ao local onde ficavam os cavalos de Jorge. Precisava de um local espiritualizado para pensar e orar. E foi o que fez, sentou-se e começa a orar:

"Deus, meu pai, por que me deste esta missão repleta de tanto sofrimento? Agora perderei o homem que para mim vem sendo como um segundo pai. Um amigo verdadeiro. Um homem de coração bondoso e que fez a mim e a Tirá tanto bem. Não reclamo de minha senda, Senhor, mas minha irmã ainda é frágil. E Jorge é para ela a pessoa mais importante do mundo. Pai, perdoe minha insensatez e minha intolerância com suas vontades. Rogo-te que me dê forças para superar e passar pelos desígnios agora enviados a mim. A ti, senhor, minha glória."

Martírio

Sê fiel até a morte, e dar-te-ei a coroa da vida.

Apóstolo Paulo

Na manhã seguinte, Rodrigo levantou-se antes da aurora. Até porque nem sequer conseguira dormir. Durante toda a noite não conseguia parar de pensar no comunicado que recebera dos anjos iluminados. Porém, não deixou de cumprir com seu trabalho. Conforme solicitado, aprontou o cavalo de Jorge e o levou para ele, que o aguardava diante do castelo.

– Jorge, como está? Jortam já está pronto para acompanhá-lo.

– Obrigado, Rodrigo. Mas que beleza! Tenho certeza que Jortam nunca fora tão bem tratado quanto agora. Você tem sido incrível com todos os meus cavalos, Rodrigo, especialmente Jortam. Mas, que cara é essa? Diga-me, por que estás com este semblante tão sério?

– Estou mesmo preocupado. Desculpe-me estar tão sério. Mas preciso falar com você algo muito importante que não tenho como deixar de comentar.

– O que houve, Rodrigo? É algo com Tirá?

– Não, quero dizer, não diretamente. É que eu tive uma visão e pude observar que as coisas que te esperam são de muito sofrimento e traição. Você precisará ser muito forte.

– Como assim, Rodrigo? O que estás a dizer? Deve ter sido apenas um sonho. Não se preocupe.

Rodrigo não podia jamais confessar a Jorge o que ele já sabia que o esperava. Esta foi uma das recomendações dos anjos iluminados. O que pôde fazer foi dar um forte abraço em Jorge e despedir-se do grande amigo. Para Jorge, esta era apenas uma despedida corriqueira, visto que tinha a certeza que retornaria em alguns dias para seu castelo para reencontrar Rodrigo e Tirá. Mas, para Rodrigo, esta era de fato uma triste despedida solene, de vidas que se encontraram e agora precisavam se afastar. Para Jorge, um até logo. Para Rodrigo, um adeus.

Tirá, que observava a cena da escada diante da enorme porta do castelo, aproximou-se. Abraçou os dois juntando-se a eles nesta cumplicidade espiritual que se apropriou daquelas três almas cristãs. Eram, naquele momento, uma só luz, envolta de amor e cumplicidade. Os três sentiram-se como crianças com aquele momento de extrema e profunda união.

* * *

Montado em seu cavalo branco como a nuvem que enfeita o céu em um dia ensolarado, ladeado por seis soldados em seus cavalos negros, Conde Jorge da Capadócia avançou por entre o enorme portal de madeira que servia de entrada de sua propriedade. Dirigiu-se à corte sem saber os reais motivos pelos quais fora chamado.

Uma grande angústia se instalou no coração de Tirá. Sem saber bem o porquê, recordou-se da dor do sentimento de perda de seu pai, mais recentemente, e de sua mãe, além de tantos amigos e familiares que se foram por causa da praga ou pelas mãos do carrasco romano. Tirá parecia pressentir os acontecimentos que estavam por vir. Sentiu o coração apertado e fez o que sempre fazia nesta situação. Colocou-se em oração. Pediu pelo seu amor, Jorge, para que nada lhe acontecesse e que retornasse são e salvo para seus braços para que juntos pudessem constituir família e viver em harmonia.

* * *

O imperador Diocleciano sempre fora muito influenciado pelos seus colaboradores mais próximos, principalmente por Galério. Foi, inclusive, por influência direta deste ser abominável que ele publicou uma medida cautelar na qual mandava prender e torturar todos os militares que se curvavam para outros deuses que não fossem os deuses romanos. Em meio a tudo isso, chegou ao conhecimento do imperador que o Conde Jorge, um de seus melhores tribunos militares, nome dado a uma das mais altas patentes do exército romano, havia se rendido a um Deus que havia sido profetizado e divulgado pelo homem chamado Jesus. Um de seus militares preferidos havia se tornado um cristão. Na visão de Diocleciano, uma lástima sem precedente.

* * *

Jorge chegou ao Palácio Central, e depois de rever alguns colegas de farda, foi logo ao encontro do imperador. Ficou surpreso quando Galério o abordou e pediu, com certa dose de ironia no tom de voz, que ele aguardasse na antessala do salão principal da corte, pois estavam sendo feitos preparativos para o encontro.

Depois de um bom tempo, o imperador mandou chamá-lo e, diante da corte, perguntou-lhe qual seria, por um acaso, o seu Deus. Jorge, de imediato, não entendeu muito bem a pergunta e procurou entender o porquê. Teria sido por esse motivo que o imperador o teria chamado a seu encontro? Mesmo assim, segundos depois, respondeu prontamente que era o mesmo Deus de Jesus e, com o peito estufado, disse em alto e bom som que, portanto, era um fiel cristão. Logo que disse isso, Jorge chegou a pensar de onde teria saído toda aquela coragem e força. Sentiu que não era apenas ele que dizia aquelas palavras. Parecia estar sendo intuído por forças do bem.

Diocleciano não podia acreditar na cena que se desenrolava diante de si. Um pesadelo? Uma tragédia? Ter que ouvir isso de um de seus melhores homens? Um soldado pelo qual deu tudo, todas as honras e méritos. Inconformado com a resposta de Jorge, Diocleciano decidiu então buscar alguma forma de reverter aquela situação. Pensou que aquilo deveria ser um devaneio repentino de Jorge. Que logo ele recobraria sua sensatez e abandonaria aquela baboseira de Jesus e de ser cristão. Começou então a oferecer-lhe terras, escravos, mulheres e muito dinheiro. Mas de nada adiantou, Jorge seguia irredutível em sua fé cristã e rejeitou qualquer sorte de oferecimento.

– Mas como assim? Como ousas recusar o que te ofereço?

– Jesus é meu guia. Deus, meu pai. Nada me faltará. Não preciso de nada. Tudo o que quero é servir aos menos favorecidos e aos injustiçados por Roma.

– Como ousas falar assim comigo?

Com muito ódio, o imperador então ordenou:

– Prendam-no! E torturem este homem até que ele recobre a sensatez e possa novamente servir ao Superior Exército Romano. Quando ele se converter diante dos deuses romanos voltamos a conversar. Podem levá-lo ao cárcere.

Jorge pensou imediatamente em Tirá. Até porque, por ele, não tinha nenhum receio de ser preso. Como militar bem treinado e muito experiente, já havia passado por situações severas de perigo, cárcere e dificuldades das mais diversas. Mas, e Tirá? Como poderia se afastar de Tirá? Jorge não teve muito tempo para refletir. Foi levado para as masmorras do palácio e jogado na cela mais fétida e imunda que havia.

E a cada manhã era torturado com requintes de crueldade. Seus carrascos não se identificavam e mantinham um capuz sobre seus rostos. Mesmo assim, Jorge pedia por eles. Clamava que uma falange de espíritos consoladores viesse ao encontro daquelas pobres almas e as ajudassem a evoluir espiritualmente. Rogava a Deus que iluminasse o caminho de seus próprios algozes. E a cada novo dia, uma nova sessão de tortura, que a cada manhã parecia mais rigorosa. E após intenso sofrimento, levavam Jorge ensanguentado e imundo ao encontro de Diocleciano. Lá chegando, o imperador o indagava novamente:

– E hoje, reles, qual o seu Deus? – ao que Jorge continuava a afirmar com veemência que era o mesmo Deus de Jesus.

* * *

Já passados cinco dias desde que Jorge deixara o castelo, Tirá estava inconsolável. Rodrigo buscava de todas as formas acalmá-la, até por saber que Jorge, infelizmente, não voltaria mais.

– Minha irmã querida e amada. Tenha calma. Temos que respeitar os desígnios do Senhor. Vamos orar e aguardar.

– Não sei não, Rodrigo. Estou com uma dor diferente no peito. É seca e angustiante. Alguma coisa está a acontecer com Jorge. Principalmente pela manhã tenho me sentido muito enjoada e passado muito mal.

– Tirá, vamos nos manter em oração.

– Sinto que algo muito grave está a acontecer a Jorge, Rodrigo.

– E não vou suportar se isso acontecer. Não vou.

– Calma, minha irmã. Vou procurar por Marques e Lia para saber se eles têm alguma notícia.

Rodrigo saiu, então, desesperado pelo castelo a procurar por Marques e Lia. Encontrou Marques muito abalado, chorando em seu quarto, com seus armários abertos diante de si.

– Marques, o que houve? Que bom que o encontrei rapidamente. Tens notícias do Conde?

Ao ver que Rodrigo chegara, Marques enxugou as lágrimas e começou a jogar suas roupas dentro de algumas malas que abriu rapidamente sobre a cama. Tudo de forma nervosa e desesperada.

– Sim, Rodrigo, tenho notícias. E elas não são nada boas.

– O que houve?

– Todos na corte estão a comentar. O imperador decretou que todos devem amar aos deuses de Roma. E Jorge se negou e continua a se negar a seguir estas orientações.

– Meu Deus! E o que está acontecendo com ele, me conte!

– Ele está preso na masmorra. Estão a torturá-lo, você consegue acreditar? Um das mais altas patentes do exército, um dos homens mais ricos de toda a Capadócia. Diocleciano não quer saber de nada. Quer apenas que ele aceite publicamente os deuses de Roma. Nesta madrugada, alguns soldados a mando do imperador estiveram aqui na propriedade e descobriram a pequena capela subterrânea. Conseguiram provas contra nosso amigo.

– Meu Deus, ele jamais se curvará diante de outro deus. Vou pegar Hió e irei até a cidade. Por favor, cuide de Tirá na minha ausência!

– Sim, claro. Mas cuidado, Rodrigo! Estão caçando cristãos.

– Fique tranquilo, Marques. Não é de hoje que sei o que é ser caçado. Primeiro, por ser cigano. Depois, por ser cristão. Preciso saber mais notícias de nosso amigo e, se possível, tentar falar com ele de alguma forma.

– Mas Rodrigo, você ainda é muito jovem para tal missão. E além disso não tens amigos por aqui, ninguém para ajudá-lo.

– Eu sei. Mas tenho a certeza de que Deus irá guiar cada um dos meus passos e encontrarei uma forma de encontrá-lo.

Rodrigo correu para preparar Hió e seguiu para a corte, sem avisar a Tirá para não preocupá-la. Em seu peito sentia que tinha que ir, para despedir-se do amigo e orar junto com ele pela vida eterna.

* * *

Prisca, esposa do imperador Diocleciano, foi tomada pelo horror das torturas que vinham sendo aplicadas impiedosamente em Jorge. Durante alguns dias presenciou quando Jorge era trazido ao grande salão central, banhado de sangue e suor, para ser novamente ordenado a se curvar diante dos deuses romanos. Constatando aquele exemplo de fé inabalável, foi tocada pelos anjos e inspirou-se a tornar-se também uma cristã fervorosa. Assim como muitos em toda a corte que, estupefatos, assistiam ao que estava acontecendo com Jorge. E foi assim que, antes mesmo de desencarnar, Jorge começava a se tornar um exemplo de cristão, uma referência para aqueles que precisam enfrentar grandes provas, uma valiosa lição de fé e devoção aos preceitos divinos.

E na manhã daquele novo dia, mais uma vez Jorge foi levado ao encontro de Diocleciano que estava a comer frutas, entregues a ele em uma bandeja de ouro e prata. E, com enorme desdém, já praticamente desistindo de convencer o Conde a desistir daquela sandice, virou-se para Jorge e mais uma vez insistiu:

– E então, imundo ser. Desistiu dessa loucura descabida? Minha paciência chegou ao fim.

Jorge estava no ápice de seus maus-tratos. Já trazia em si diversas cicatrizes que nem sequer tinham tempo de se recuperar, pois a tortura do dia seguinte garantia que elas se manteriam abertas e apodrecendo. Seus olhos estavam roxos por fora e intensamente vermelhos por dentro. Não comia havia dias e recebia apenas um copo de água suja por dia, apenas para não desmaiar e impossibilitar a tortura. E foi assim, do fundo do poço do sofrimento, que conseguiu arrancar forças não se sabe de onde, para responder ao imperador Diocleciano:

–Desista logo de uma vez. Eu não vou me curvar diante do que você chama de "deuses" simplesmente porque eles não são nada. E nada representam. Absolutamente. Melhor seria se você reconhecesse e passasse a contemplar o verdadeiro Deus. Porque só Ele pode te oferecer outro reino de fato excelente, diferente do que você tem agora. Este teu reino que consideras tão grandioso, tão imperial, tão destemido. Pois saiba que ele é frágil e caduco. E num instante, num piscar de olhos se esfacelará. E tudo o que nele há, por sua natureza frágil e breve, desaparecerá por entre seus dedos. E tu não poderás trazer nenhum proveito a quem o possuir. E tendo eu este conhecimento e esta luz que inflama em meu peito, mesmo que ainda ferido e em dor, posso te pedir que não te canses, imperador, em persuadir-me a deixar o meu Deus verdadeiro. Porque nem as suas promessas poderão me dissuadir e muito menos suas ameaças me amedrontarão.

E foi assim que um dos mais honrosos soldados de Cristo que já surgiram na história da humanidade não se perturbou. Não esmoreceu aos encantos materiais do império romano e nem fraquejou diante de dias e mais dias em uma tortura incansável. Seus algozes terminaram os dias todos acamados, doentes. Não tinham mais forças para bater naquele homem. Mas aquele homem seguia em pé. Mais forte até do que os que lhe surravam até cair doentes.

E Diocleciano não podia tomar outra atitude senão mandar degolar Jorge diante de toda corte. Não depois daquelas palavras afrontosas que poderiam repercutir em todo o reino, voltando as pessoas contra o imperador. Ele precisava dar o exemplo. Pôr um fim naquele homem que perigava tornar-se um mártir, um exemplo, uma referência para que mais e mais pessoas deixassem de seguir os deuses romanos e passassem a adorar este Deus cristão.

Mal sabia Diocleciano que a morte não seria o fim dessa ameaça. Mesmo morto, Jorge seria ainda mais exaltado como mártir por tudo que representou para a luta cristã pelo bem de todos. Jorge da Capadócia, o guerreiro cristão que enfrentou de peito aberto o imperador romano. Em nome de Deus e Jesus.

* * *

Em uma rua próxima ao castelo, Rodrigo parou seu cavalo e tentou ainda obter informações sobre Jorge. Quando foi abordado por um homem.

– Ei, você aí. Você não é o encantador de cavalos de Jorge?

– Talvez. Mas quem és tú? – pergunta Rodrigo.

– Sou Evangelista. Venha comigo. Vamos até a taberna. Lá, poderemos conversar. Não fale nada sobre Jorge aqui na rua. É muito perigoso.

– Sim, senhor, vamos.

Rodrigo seguiu o novo companheiro por vielas estreitas até chegarem a uma pequena taberna com uma grande porta de madeira pintada de amarelo. Evangelista bateu à porta por três vezes em um ritmo bem específico. Depois, na sequência, por mais duas vezes. Este era o código senha que permitia o acesso à taberna. Eles então adentraram onde um grupo de aproximadamente trinta homens estava reunido. Na porta havia um segurança que controlava o acesso de todos. Um homem alto de barba cerrada entreabriu a porta e reconheceu Evangelista. Então o indagou:

– Quem é esse que está com você, Evangelista?

– É um amigo. Ele trabalha na propriedade de Jorge. É o irmão da esposa de nosso amigo. Deixe-nos entrar.

Evangelista então levou Rodrigo ao encontro de Damião, o líder daquele grupo que planejava resgatar Jorge das mãos do imperador. Estavam todos reunidos. Vários homens da cidade, cristãos convertidos inspirados por Jorge e que queriam ajudar o irmão.

– Olá, companheiro Evangelista! Quem é este rapaz que o acompanha em nosso esconderijo?

– É o menino cigano Rodrigo que vem das terras de Jorge.

– Rodrigo, o encantador de cavalos? Sua fama já chegou em toda cidade, irmão. Eu me chamo Damião, sente-se. Estamos nos organizando e avaliando as possibilidades para tentarmos resgatar nosso amigo.

– Mas como farão isso? – pergunta Rodrigo.

– Temos homens, amigos e cristãos, infiltrados entre os soldados. Companheiros que se juntaram a nós e aceitaram um único Deus verdadeiro e misericordioso.

– Estamos planejando entrar hoje à noite e resgatar Jorge – completou Evangelista.

– Amigos, além de amigo de Jorge, minha irmã Tirá é sua esposa. Dias atrás recebi a visita de anjos do Senhor que me avisaram do martírio de Jorge. Por isso, acho que qualquer tentativa nossa será frustrada. Tudo o que está acontecendo está designado por Deus.

– Tivestes uma visão?

– Sim. Anjos desceram do céu encobertos por uma névoa de um branco profundo e me comunicaram do martírio de nosso Jorge que se tornará um exemplo para muitas gerações.

– Meu Deus! E agora? Vamos organizar uma vigília de oração e preces pelo nosso amigo. Precisamos ao menos tentar algo.

– Mas até Prisca, a esposa do imperador, já aceita Deus como único criador do céu e da terra. Assim como muitos outros do palácio e da corte, que testemunharam a fé inabalável de Jorge e se converteram ao Deus verdadeiro.

– Mas nada está impedindo o desejo do imperador em matar Jorge. E ele mesmo não vai conseguir suportar a tortura por muito tempo – exclamou Josué, outro companheiro do grupo.

De repente, o debate é interrompido por intensas e nervosas batidas na porta da taberna, que são ouvidas por todos. Logo, o silêncio toma conta do lugar. Quem seria? Será que foram descobertos? Evangelista subiu as escadas e foi caminhando lentamente até a porta e fez sinal de silêncio para os dois guardiões que ficavam tomando conta da entrada e pediu que eles esperassem. Calmamente aproximou-se da porta e entreabriu a basculha com a mão direita enquanto a esquerda apertava com firmeza um punhal bem afiado.

– É Jerônimo, senhor!

– Ah, ora bolas. Deixe-o entrar.

Ofegante, Jerônimo entra na taberna e desce até o porão onde dezenas de companheiros debatiam e aguardavam uma decisão.

– Trago notícias do palácio!

– Diga logo de uma vez, homem!

– O imperador ordenou a degola de Jorge. Todos ficaram chocados com a notícia trazida.

– Deus tenha piedade de nosso amigo!

Rodrigo se desesperou com a comprovação da previsão, que o deixou muito triste mesmo que já tivesse quase certeza do que viria a ocorrer com Jorge por causa da mensagem que recebera dos anjos. Lágrimas desceram de seus olhos. Ele foi confortado pelos novos amigos que acabara de fazer. Todos se envolveram em um fraterno abraço seguido de uma oração em nome do martírio de Jorge.

– Para quando está prevista a degola?

– Amanhã, vinte e três de abril, às onze horas.

– Irmãos, oremos. Vamos começar agora mesmo uma vigília para que nosso amigo não sofra. Comece agora a avisar a todos os cristãos da cidade. Vamos orientar que se mantenham em vigília pelo nosso querido Jorge. Que seja para nós um exemplo de fé, coragem e determinação por toda a eternidade – disse Damião com a voz embargada e profundamente emocionado.

– Um grande exemplo de fé para todos nós. Salve Jorge!

– Viva o amigo! Vivas... Salve Jorge da Capadócia!

E foi então que uma linda cena, repleta de emoção, aconteceu naquela taberna na madrugada de 23 de abril. Um a um, todos os companheiros ergueram o mais alto que puderam seus copos de ferro servidos de *raki,* a bebida típica da região, elaborada com figos, uvas e anis. E bravejaram juntos um grito que poderia ser escutado em todos os cantos da cidade: salve Jorge da Capadócia!

E Jorge então se tornou, a partir daquela noite, um mártir inesquecível. Por sua coragem em aceitar a morte, mas sem jamais pensar em abdicar da sua fé. Por seu exemplo de força e crença na força Divina. E com isso, conseguiu converter muita gente ao evangelho trazido por Jesus. Por amar Jesus e seguir os preceitos contidos em suas palavras, ele não temeu pela sua vida. Jorge mostrou para todo o povo que o amor, a fé e a coragem inabalável são requisitos indispensáveis para a evolução espiritual tão desejada por todos.

Rodrigo se despediu de Damião e Evangelista. E saiu ainda muito abatido da taverna tentando, de alguma forma, entender os acontecimentos. Pôs-se a caminhar cabisbaixo pelas vielas da Capadócia puxando à mão o seu cavalo Hió. Seus cabelos compridos escondiam seus olhos avermelhados pelas lágrimas incessantes. Após caminhar por algumas horas, questionando em pensamento as vontades de Deus, Rodrigo montou em seu cavalo, que parecia perceber a tristeza que se abateu sobre o seu grande amigo. E voltando ao castelo, procurou por Marques trazendo a notícia da morte de Jorge. Marques o recebeu na entrada principal.

– Rodrigo, tens alguma notícia de Jorge?

– Marques, precisamos conversar!

– Sim, Rodrigo, o que houve? Conseguistes notícias? Estás com as feições de muita tristeza.

– Querido amigo, Jorge será degolado nesta manhã às onze horas.

– Meu Deus, a ira do imperador abate nossa família.

– Sim, amigo, temos que preparar Tirá para esta terrível notícia.

– Coitada de Tirá! Como poderá viver sem Jorge? Um amor tão lindo, uma felicidade incomparável.

– É verdade. Não sei como ela reagirá a esta situação lastimável.

Rodrigo saiu à procura de Tirá no castelo de Jorge. Foi até a sala de costura, onde Marques disse-lhe que ela poderia estar. No caminho seguiu orando a Jesus para lhe dar forças e sabedoria para contar tudo a Tirá da melhor forma possível. Suas pernas bamboleiam e tremem. Sente-se impotente diante de tamanha tragédia. Antes de entrar na suntuosa sala, Rodrigo fica por alguns instantes a observar sua linda irmã tecendo costura. Ela está chorosa pela ausência de notícias de Jorge.

– Tirá?

– Rodrigo, meu Deus, que bom que chegaste! Vieste da cidade, não é? Tens notícias de Jorge? Diga-me!

– Sim, minha querida irmã, trago notícias de Jorge. Fique calma, por favor.

– Fale logo. Estou muito nervosa e ansiosa para saber como ele está e onde está.

– Sente-se aqui no sofá comigo.

Rodrigo pegou as mãos de Tirá e começou a orar mentalmente enquanto a afagava com muita ternura e amor. Era como se estivesse aplicando um passe na irmã sem que ela pudesse perceber. Pediu com toda sua força mental que os espíritos de luz ali presentes ajudassem a tranquilizar Tirá para ela não se desesperar. Tirá percebeu nos olhos de seu irmão que alguma coisa estava acontecendo de muito grave. Dentro de seu coração uma angústia começou a preencher o vazio da ausência de seu grande amor. Era como se os irmãos estivessem se comunicando pelo pensamento. Rodrigo então falou calmamente:

– Minha querida irmã. Já passamos por tantas coisas boas e também por muitas coisas ruins nessa nossa jornada. Precisamos estar sempre preparados para o bom e para o ruim, para o bem e para o mal, embora saibamos que no fim o bem sempre vence.

– Conte-me logo, Rodrigo? Sei que algo grave aconteceu ou está por acontecer. Pode me contar. Eu vou ser forte.

Seu coração disparou como se fossem dar suas últimas batidas, seus pulsos arderam tanto que Tirá podia sentir a intensidade da pulsação em suas veias.

– Minha querida irmã, Jorge será assassinado nesta manhã às onze horas por ordem do imperador Diocleciano.

Tirá sentiu tudo tremer. Levantou-se e começou a andar pela sala, segurando os cabelos junto à cabeça em sinal de desespero. Rodrigo pegou a taça com licor doce de amêndoas oferecida por Marques e levou até sua irmã para que ela bebesse e se acalmasse. Ela não aceitou a oferta. Suas pernas começaram a ficar fracas e Tirá desabou sobre o sofá estofado com lã de cabras nativas da Caxemira e tingida de vermelha.

– Deus, por quê? Por que? O que houve? Conte-me, meu irmão.

– Por sua fé em Jesus, irmã. Jorge sofre seu martírio, que o fará iluminado entre os homens. Querida Tirá, há alguns dias, antes de Jorge partir, fui visitado por anjos do meu amigo espiritual que me avisaram desse acontecimento. Infelizmente não há nada que possamos fazer. Eu não podia ter feito nada, por orientação dos mentores.

Tirá perdeu subitamente a consciência e desmaiou no colo de Rodrigo. Logo ele e Marques a levaram para o quarto e mandaram chamar o médico que atendia usualmente a família. Seguro de que nada grave estava a acontecer à sua irmã, Rodrigo pediu a Lia que ficasse no quarto e acompanhasse o estado de Tirá. Desceu pelas escadas bamboleando entre os degraus e foi até a capela para orar pelo amigo Jorge e pelo rápido restabelecimento de sua irmã Tirá.

Muito abatido, o jovem cigano não conseguiu conter as lágrimas. Permaneceu ali ajoelhado por horas, diante da imagem de nosso Senhor Jesus Cristo talhada em madeira nobre, doada pelo melhor artesão de madeiras da Capadócia para o Conde Jorge.

A madrugada foi se aproximando, e no castelo todos seguiam muito abalados e tristes. Sentiam-se incompetentes em demasia por não poder ajudar o homem tão justo e bom que sempre foi Jorge. A tristeza tomou conta do lugar. O céu, antes sempre tão inspirador e lilás, hoje trazia o peso daquelas sensações todas e estava roxo-escuro, triste, choroso como todos ali. Tanto que começou a chover naquela madrugada. Algo muito raro na região.

A Capadócia inteira chorava e lamentava a morte de tão nobre homem. Inclusive os céus.

Rodrigo levantou-se na capela e decidiu ir até a cocheira para recolher os animais para o descanso noturno. Parecia que até os animais pressentiam os acontecimentos. Rodrigo sabia que eles eram muito sensitivos e que havia a necessidade de acalmá-los. Ficou ali durante algum tempo e, sem dar por si, caiu no sono sobre o feno espalhado ao lado de Hió. Durante a madrugada, Rodrigo é então acordado pela névoa iluminada que adentrou novamente a cocheira do castelo de Jorge. Os anjos iluminados novamente apareciam diante dele. "O que será que eles trariam neste momento de mensagem?", pensou Rodrigo, que sentia precisar muito daquele encontro.

– Olá, Rodrigo!

– Olá, meus amigos de luz!

– Querido Rodrigo, venho te trazer algumas recomendações do que tens a fazer prontamente.

– Podes dizer, Anjo amigo. O que me disseres será feito.

– Apronte a carruagem e pegue o máximo de pertences de todos para partir imediatamente rumo a Alexandria, no Egito.

– Mas como assim? E os cuidados com tudo aqui? Não podemos abandonar tudo de Jorge. Logo agora.

– Faça isso e faça-o imediatamente. Arrume tudo e assim que o dia nascer parta.

– Sim, senhor, se é assim que acreditam ser o correto, assim o farei. Obrigado por vossa luz, mais uma vez me intuindo.

– Siga com fé, Rodrigo. E tudo ficará a contento para todos. Acredite. E sobre Jorge, acredite que não morremos, porque o nosso corpo se destrói. Estaremos sempre perto de Jorge e de ti, para te consolar e te ajudar a suportar as provas. Ela, a vida, será rude para ti. Mas com a ideia da eternidade e do amor de Deus em teu coração, teus sofrimentos ser-te-ão leves. Acredite.

– Obrigado por tão doces palavras, amigo.

– Agora prepare tudo e volte a descansar, pois terás uma jornada longa e dura pela frente. Nós estaremos a guiar seus passos.

– Senhor, posso lhe fazer uma pergunta?

– Sim.

– Mas isso tudo é realmente o que temos que passar?

– Sim, meu querido Rodrigo. Não existe acaso. Está tudo determinado. Tudo que tens a passar terás que passar. E, então, quando estiveres na vida espiritual, compreenderás todo o ocorrido com mais lucidez. A sua alma vive imortal.

– Preocupo-me por demais com minha irmã Tirá. Ela está muito a sofrer de forma angustiante.

– Não se preocupe, estamos próximos a ela também. Seu pai já está conosco trabalhando muito pelo bem de vocês.

Rodrigo desabou a chorar ao ouvir notícias de seu pai, Ruí.

– Que saudade de meu amado pai. Sabe amigo, por vezes me canso de tantas batalhas e desilusões.

– Querido Rodrigo, as batalhas são para os fortes. Deus confere as mais duras provas aos seus melhores guerreiros, como você. Como Jorge fora e seguirá sendo. Ambos colherão os frutos de vossa coragem e perseverança no trabalho do bem.

– Às vezes acho que minha missão é excessiva e temo por todos que estão ao meu lado.

– Rodrigo, não existe acasos na vida. Tudo o que está em teu caminho deves cumprir. Por vezes a dor é maior. Mas quanto maior for sua coragem, maior será sua vitória espiritual. Mar calmo nunca fez bom marinheiro. Lembre-se disso.

– Meu saudoso pai sempre me aconselhou a ouvir a voz que vem de dentro do meu coração. Que essa seria a voz da razão.

– Sábias palavras, querido amigo. Ouça sempre seu coração, pois em cada um há os ensinamentos espirituais mais profundos. E é essa a voz que deve conduzir-te para a perfeição.

– Obrigado, Anjo. Sinto-me confortável ouvindo suas palavras.

– Rodrigo, todos estão ligados por laços eternos. Eu, você e mais alguns amigos de muita luz ainda temos muito a fazer.

– Obrigado, amigo. Podes contar comigo para sempre.

– Sei disso, agora faça o que ordenamos.

– Farei sim, imediatamente. Obrigado por tudo.

A densa névoa se desfaz rapidamente. Sem questionar as ordens dadas, Rodrigo começa a preparar os animais para a viagem.

Quando Rodrigo estava nos últimos preparativos com os animais já começava a amanhecer em Nicomédia. O céu estampava uma mistura única de cores onde o amarelo, o laranja, o rosa e o lilás pareciam compor um quadro pintado à mão pelo melhor artista da época. Rodrigo correu para procurar Marques. Ao encontrá-lo já foi recebido com um alerta.

– Rodrigo, saiba que estou muito nervoso e preocupado. Há soldados se aproximando dos portões da propriedade. Estão rumando firme na direção do castelo. Já mandei trancar os portões para que ninguém entre, mas não sei quanto tempo suportaremos.

– Fique calmo, Marques. Eu os receberei.

– Como assim você os receberá? Não vê que ainda és um jovem rapaz e que eles não te darão confiança?

– Calma, Marques! Sou jovem, mas já sei lidar com essas situações. Fui treinado pelo maior líder cigano que estas terras já viram. E ainda fui orientado pelos anjos iluminados do Senhor. Saberei como lidar com essa situação.

Rodrigo ordenou então que os portões fossem abertos. Um grupo de sessenta soldados romanos se aproximava do portão principal do castelo. Logo que chegaram procuraram pelo responsável pela propriedade naquele momento.

– Bons-dias, senhor. Meu nome é Rodrigo. Pode falar.

– Venho a mando do imperador para confiscar a propriedade em nome do Império de Roma.

– Mas não pode fazer isso, senhor!

– Há um decreto do imperador que determina que todas as propriedades do Conde Jorge tornem-se agora propriedades do imperador e de Roma. Vocês têm quarenta minutos para desocupar a propriedade com suas roupas apenas. Nada mais pode ser levado e nem tirado dos salões ou das dependências do castelo.

– Mas senhor, o Conde Jorge tem esposa e ela é a herdeira natural de tudo isso aqui.

– Jorge foi julgado e condenado como traidor do Império Romano. O título de Conde lhe foi subtraído e nada mais lhe pertence, nem aos seus. Cumpram o mandato.

Sem questionar mais, Rodrigo afastou-se dos soldados estando preocupado com o que poderia acontecer com Tirá.

– Sim, senhor, vou avisar a todos.

Rodrigo já tinha tudo planejado. A carruagem já estava pronta com os pertences de Tirá, Marques e Lia. Os demais empregados da propriedade já tinham sido orientados por ele que logo ao amanhecer do dia deveriam partir. Rodrigo também guardou muitas moedas de ouro de Jorge que lhe confidenciou o lugar onde as guardava autorizando-o a pegar tudo no caso de alguma emergência. Isso seria o suficiente para mantê-los por algum tempo até encontrarem um lugar seguro a caminho de Alexandria. Rodrigo pegou ainda a espada de Jorge cravejada de diamantes e ouro, que também lhe foi garantido pelo Conde no caso de acontecer algo a ele. Disse-lhe que esta seria a principal recordação que Rodrigo e Tirá teriam dele.

– Venha, Marques. Pegue Tirá e Lia. Nós vamos sair pelos fundos, ao leste do terreno. Há uma saída subterrânea cavada na pedra que Jorge me mostrou. É segura e nos levará aos campos de pasto. Os soldados não notarão a nossa ausência. Isso nos dará um tempo de distância deles.

– Mas para onde vamos, irmão?

– Vamos para Alexandria, no Egito, Tirá.

– O que? Como assim? – exclamou Tirá espantada com a decisão um tanto quanto inusitada.

– Mas Rodrigo, é muito longe. Você sabe o caminho? Devem ser mais de trinta dias até chegarmos.

– Fique tranquila, minha irmã. Está tudo sob controle. Confie no seu irmão. Temos recursos para a viagem e estamos sendo guiados pelos anjos do

Senhor. Confie e acredite. Iremos para a Síria e de lá seguiremos para o Egito. Coloquem essas roupas que estão aí atrás, todos vocês. São roupas ciganas. Finjam serem ciganos. O resto deixe comigo que resolvo.

Marques e Lia trocaram suas roupas de criados por roupas de ciganos. Isso daria a eles mais segurança pelas estradas, pois os ciganos eram muito respeitados na Síria.

Após algumas horas de viagem.

– Tirá, por que estás tão calada?

– Já vistes as horas? Nesta hora se completa um dia sem o meu amor.

– Minha querida irmã eu compreendo sua tristeza. Mas nada podemos fazer para mudar o que o Senhor nos reserva. Sabemos que determinadas coisas são colocadas em nosso caminho para que possamos cumprir o que aqui viemos fazer. Jorge será o grande mártir da liberdade dos cristãos da Capadócia. E é isso que nos assegura sua grandeza de espírito de Deus.

– Sim, meu irmão, isso de certa forma até me conforma. Mas a saudade já é grande em meu peito. Jamais esquecerei tudo o que ele me ensinou e todo o amor que me deu. Ele foi um raio de luz em minha vida, mas que passou muito repentinamente, infelizmente.

– Um dia você estará com ele de novo. Fique tranquila. E lembre-se: Deus é perfeito.

– Obrigada, meu querido irmão. Vou buscar orar e me acalmar.

Fuga

Posso todas as coisas naquele que me fortalece.

Apóstolo Paulo

– Já é tarde. Vamos acampar nessas matas ali adiante. Marques, arrume a lenha para acendermos uma fogueira, por favor, busque toras mais firmes de madeira para prendermos os animais.

O local escolhido era de uma vegetação verde com grandes árvores que lhes davam segurança, pois da estrada não era possível enxergar quem ali estivesse. E Rodrigo seguiu organizando o acampamento como seu pai, Ruí , fazia antigamente.

– Lia, por favor, minha querida, prepare alguma coisa para o nosso jantar junto com Tirá. Eu vou procurar água e dar alimento aos animais. Quando eu voltar, juntos, levantaremos as barracas.

– Sim, Rodrigo. Venha, Tirá. Vamos preparar algo para todos.

Rodrigo levou os animais até um pequeno riacho e deu água para eles. Aproveitou para dar um banho nos animais e colher água a mais para levar ao acampamento que seria arrumado de uma forma confortável e segura para todos. Após o jantar todos se recolheram ao descanso necessário para seguirem a viagem tão longa que ainda tinham pela frente. Rodrigo ficou de vigia próximo ao acampamento a fim de proteger o sono de Lia e Tirá que, juntas, dormiam em uma barraca montada por Marques. Todos adormeceram sob o céu estrelado e límpido da Capadócia, com apenas algumas nuvens em uma linda noite quente de primavera.

– Rodrigo, Rodrigo, acorde!

Lutando contra o sono e o cansaço, Rodrigo desperta subitamente.

– Sim, Anjo, pode falar.

Dirigindo-se a Rodrigo, o Anjo ordenou.

– Anote o roteiro de sua viagem.

Agora o Anjo que estava a guiá-lo se mostrou totalmente. Uma luz de cor violeta muito intensa o envolvia. Parecia um rapaz de uns vinte e quatro anos com uma roupa esquisita, barba rala e pouco cabelo. Seu traje era marrom claro e usava sandálias com tiras de couro trançadas entre os dedos do pé. Tinha baixa estatura, voz meiga e carinhosa, e trazia uma corda presa na cintura que separava a parte superior da parte inferior da roupa. Rodrigo ficou admirado com sua visão com mais detalhes que as anteriores.

– Anote com atenção o roteiro que deves seguir.

Rodrigo pegou um pedaço de pano e uma barra de carvão da fogueira e começou a anotar.

– Você vai passar pela Síria e lá encontrará um homem de nome Felipe. Ele será seu guia e companheiro de viagem até Alexandria.

– Felipe? Mas como o reconhecerei?

– Não se preocupe. Ele te achará.

– Depois vocês seguirão até o Egito. Sigam para a cidade de Alexandria e aguardem instruções. Nunca viaje à noite. Procurem sempre lugares onde não há ninguém, para repousarem e cuidarem dos cavalos.

Curioso com o Anjo que aparece para ele pela primeira vez de forma tão nítida e com a voz tão suave, Rodrigo indagou seu nome.

– Sim, pode deixar, farei tudo do jeito que me orientas. Você poderia me dizer seu nome?

– Chamo-me Daniel.

– Daniel... e por que só hoje você se mostrou completamente para mim?

– Cada vez que sua fé aumenta um tanto tudo fica mais fácil para nós. Minha aproximação de você vem de longo tempo. Agora é chegada a hora de estreitarmos nosso convívio. É merecedor desta visão. O mérito de sua evolução é, e sempre será, todo seu.

– Está bem, Daniel. Obrigado. Farei como me orientas.

– Agora volte a dormir e não conte aos demais sobre minha visita. Siga com fé, que estaremos sempre ao seu lado.

O jovem cigano passou aquela noite em claro. Estava profundamente admirado com a beleza de seu mentor e companheiro espiritual. Suas vestes o intrigavam. A luz que envolvia aquele espírito não saía dos pensamentos de Rodrigo. Uma visão maravilhosa de um enviado do Senhor ali, diante de seus olhos. Uma dádiva. Um verdadeiro presente em meio a tantas provas e desafios.

Após aproximadamente três semanas de viagem finalmente o grupo formado por Rodrigo, Tirá, Marques e Lia chegou à Síria. Tirá sentia muitas saudades dos tempos em que conheceu e viveu ao lado de seu amado Jorge.

Afastados do centro da cidade, Rodrigo orienta a montagem de um acampamento temporário enquanto Marques vai à cidade para procurar o local de permanência de todos, que resolvem ficar por alguns dias a descansar na Síria. Num vilarejo, Marques avista uma pequena hospedaria. Ao adentrar é recebido por um homem de traje branco longo que lhe cobre os pés e uma barba branca longa que lhe cobre praticamente todo o rosto.

– Bons-dias, senhor!

– Bons-dias! – responde o homem.

– Esta sua hospedaria é lugar seguro para o descanso?

– Sim, senhor. Quantos são os seus? Ou estás sozinho?

– Somos um total de quatro. Dois homens e duas mulheres.

– Tenho hospedagem para todos. Traga seus amigos que serão bem-vindos à Síria.

– Tens acomodações para os animais?

– Sim, temos cocheiras e alimentação para os animais.

Marques acha o lugar seguro e agradável para estada de todos, e então volta para avisar Rodrigo.

– Volto então com meus amigos.

– Estarei a lhe esperar. De onde estão vindo?

– Estamos vindo da Capadócia. Qual o seu nome, senhor?

– Chamam-me Marques.

– Obrigado, senhor! Amanhã logo cedo estaremos aqui.

Marques volta a cavalgar em direção ao acampamento provisório, cumprindo o que fora determinado por Rodrigo. Satisfeito por ter encontrado um local adequado, pois a hospedaria ficava em um lugar muito confortável. Era um pouco distante do centro popular da Síria, mas tinha lindas árvores a rodeá-la e um pequeno lago em frente. O preço também estava justo e adequado às possibilidades do grupo. Após algumas horas, afoito como sempre, Marques chega ao local onde o restante do grupo o aguardava.

– Rodrigo, consegui um lugar seguro, bonito e de bom preço para ficarmos a descansar por alguns dias. O dono, Miguel, nos garante comida e tratamento para os animais.

– Obrigado, Marques. Faremos a vontade de minha irmã que parece ter perdido o costume de viver como cigana. Nós sempre vivemos pelas estradas e acampamentos de cabanas. Mas a vida com Jorge a deixou um tanto quanto mimada e agora sente a necessidade de mais conforto. E estando ela ainda muito sofrida com a perda do nosso amigo, vou fazer sua vontade e deixar que ela descanse por alguns dias para podermos seguir até o Líbano.

– Façamos isso, Rodrigo. Amanhã logo cedo partiremos. Agora vá descansar e deixe que eu prepare a fogueira para esta noite.

E no meio da madrugada, Rodrigo teve mais uma revelação. Sonhou com o espírito de Jorge sem saber ao certo, quando acordou, se era de fato sonho ou se realmente vira o amigo.

– Rodrigo... por favor, você poderia enviar um recado para sua irmã?

– Jorge! Que bom revê-lo. Como você está bem! Com a farda de gala que tanto gostava de andar.

– Rodrigo, meu tempo é curto. Ainda estou em um processo de refazimento. Por favor, preciso que você diga à sua irmã que eu sempre soube que tínhamos algo a cumprir juntos. Quando encontrei aquela menina assustada, sabia que fomos feitos um para o outro. Sentia que Deus me convocava para o bem. Diga-lhe que compreenda a minha morte, pois hoje sei que ela era necessária e incontornável. A minha morte fará mudar corações. E eu estava pronto, embora me doesse muito abandonar vocês. Mas respeito os desígnios do Deus que conheço e amo acima de tudo. Na eternidade estarei esperando por você e por Tirá.

– Jorge, é chegada a hora de provar a todos o nosso Deus verdadeiro. Sua fé já está transformando e seguirá inspirando corações. Sua lição de amor a Jesus converterá muitas pessoas a Jesus.

– Obrigado por tudo, Rodrigo. Venho acompanhando de perto como você tem sido corajoso e determinado. Continue assim. A dor da minha partida fará com que os corações cristãos se inspirem nas preces e orações. Vim para o plano material com a única missão de ser o soldado de Cristo e nEle confiei minha existência. Serei para sempre seu mais determinado guerreiro. Só te peço uma coisa, amigo: cuide de Tirá! Mantenham-na segura de meus algozes e faça com que ela seja eternamente feliz.

Com lágrimas nos olhos, Rodrigo abraça o amigo.

– Amigo, tenha certeza de que jamais abandonarei minha irmã assim como jamais abandonarei a fé e o amor que tenho por você.

Emocionados, Rodrigo e Jorge se despediram com um aceno. A visita deve ter provavelmente desgastado muito o espírito de Jorge, ainda muito recente no plano espiritual.

Felipe

O processo da evolução é inevitavel.
Todavia, a agressão, pela violência, contra
as conquistas que devem ser alteradas, gera
danos mais graves do que
aqueles que se buscam corrigir.

Nosso Lar

* * *

Logo cedo, quando todos acordaram, estava quase tudo pronto para seguir viagem. Rodrigo, sempre muito determinado, havia levantado mais cedo que todo mundo e tudo já estava preparado para a partida. Até porque mal podia esperar para dar o recado de Jorge a Tirá. Quando contou a ela que recebera a visita de seu amado em sonho ela mal podia acreditar. Chorou copiosamente e ficou muito feliz por terem recebido a dádiva de tal comunicação com o plano espiritual. Seguiu chorando até Rodrigo contar, palavra por palavra, o que Jorge pedira para passar à sua amada. Ao fim, Tirá abraçou bem forte o irmão, como se, por meio de seu corpo, pudesse abraçar a Jorge também.

* * *

Após o desjejum, todos seguiram rumo à hospedaria de Miguel.

Após duas horas cavalgando chegaram ao destino.

– Bons-dias, Miguel!

– Bons-dias, Sr. Marques!

Rodrigo, Marques e Tirá entraram na hospedaria. Tirá ficou a observar o lugar simples, mas feito com muito bom gosto e esmero.

– Chegamos. Este é Rodrigo, o jovem sobre o qual lhe falei ontem à noite. E esta é Tirá, sua irmã caçula. Ali está Lia.

– Bons-dias, sois ciganos?

– Sim, senhor. Tens alguma coisa contrária a nós?

– Não senhor, de forma alguma. Só tenha cuidado com os soldados. Eles andam a perseguir os ciganos.

– Parece que nos perseguem durante toda a história da humanidade. Estamos vindo da Capadócia justamente por este motivo.

– Com isso vocês podem ficar tranquilos. Estamos distantes das tropas e todos os que aqui estão são de minha confiança. Não falarão nada de vocês. Mas evitem estes trajes, pois assim ficarão menos visíveis ao povo local.

– Obrigado, Miguel. Seguiremos seu conselho.

Rodrigo acompanhou Miguel, e juntos, foram levar os animais para as cocheiras nos fundos da hospedaria, que ficava em um local muito pouco povoado. Ficaram por lá durante algum tempo a conversarem:

– Senhor Miguel, precisarei de alguns homens para seguir viagem comigo, preciso de carregadores. Conheces alguém que possa me ajudar a fazer este serviço?

– Posso falar com meu filho. Ele anda meio triste por estar parado por aqui. Ele deseja viajar por outras terras e seguir seu próprio destino. Vive dizendo isso e me perturbando por causa disso.

– Se for de sua conveniência e não for atrapalhá-lo, aceito sim.

– Falarei com ele e pensarei a respeito.

Após cuidar dos animais, Rodrigo retornou à hospedaria e seguiu direto ao quarto de Tirá que já estava pronta para o jantar. Estava, como sempre, muito bonita. Trajava um vestido azul com pedras a brilhar pela luz do pôr do sol.

– Minha irmã, sempre tão linda. Vou tomar um banho e trocar essas roupas. Logo desço para seguirmos até o mercado central.

– Estarei a lhe esperar lá fora.

Tirá desceu aos jardins e sentou-se em um pequeno banco de dois lugares em frente a um lago. Ali permaneceu a esperar por Rodrigo e demais companheiros para seguirem para o mercado central. Ao longe, com olhar atento, Felipe observou Tirá sem conseguir piscar os olhos nem por um segundo sequer. A beleza da cigana o fez estremecer. Seus pensamentos viajaram pelos céus encantados do amor. Cobriu-se de coragem e aproximou-se da bela dama para cortejá-la:

– Boas-tardes, senhorita!

– Boas-tardes, senhor!

– Incomodo-a estando aqui?

– Não, senhor, fique à vontade.

– Posso sentar-me? Desculpe o atrevimento. Chamo-me Felipe e sou filho do Miguel, dono da hospedaria. Qual o seu nome?

– Tirá. Pode sentar-se sim. Sem problemas.

– Obrigado, senhorita. Estás de passagem?

– Sim, estamos indo para o Líbano.

– O que farás no Líbano? És de lá?

– Não, somos da Armênia. Estamos a viajar.

– Vi que estão em grupo. Um deles seria seu marido?

– Não, senhor. Somos eu, meu irmão e um casal de amigos. Perdi meu marido há pouco tempo.

– Perdoe-me, senhora. Não queria magoá-la. Ainda sentes a dor da perda?

– Senhor Felipe, ainda não me conheces para fazer este tipo de pergunta. Desculpe-me, mas me darei ao direito de não responder.

Felipe levantou-se bruscamente e como se de joelhos pediu a Tirá que o perdoasse pela grosseira intromissão em sua vida. Mais calma um pouco, Tirá convida-o a sentar-se novamente.

– Vamos mudar de assunto.

– Sim, é o melhor que fazemos.

– O que irão fazer no Líbano?

– Na verdade não estamos indo para o Líbano. Nosso destino final será Alexandria, no Egito.

– Nossa, estão a uma boa distância de seu destino.

– Sim, sabemos. Mas seguiremos em frente, pois esse é o desejo de meu irmão.

– Como se chama seu irmão?

– Rodrigo, cigano Rodrigo.

– Sabe, senhora, meu pai é dono desta hospedaria, que na verdade fora do meu avô. Aqui eu nasci e aqui me criei. Mas acho que chegou a hora de seguir novos caminhos. Se não for incomodar vocês, será que eu poderia acompanhá-los nessa viagem?

– Precisas falar com meu irmão. Espere aqui mesmo, pois ele já está a descer para encontrar-me.

– Ficarei então a esperá-lo. Gostas de lagos?

– Sim. Água não é uma coisa muito comum por estas bandas.

– É verdade. Aqui é uma nascente que preservamos desde que eu era menino.

– Foi você quem fez esse lago?

– Sim, eu, meu pai e meu avô. Eles juntaram uns amigos e cavamos todos juntos, todo o entorno do lago. Colocamos algumas pedras e a natureza fez o resto.

– Ficou muito bonito! Parabéns!

– Obrigado, Tirá. Gostaria que ele fosse tão bonito como você.

– Felipe, olha o respeito.

– Perdoe-me, Tirá. É que não se vê mulheres tão lindas por estas bandas.

– Obrigada, Felipe. Olhe quem está vindo, é Rodrigo.

– Boas-tardes, senhor!

– Boas-tardes! Vejo que arrumaste companhia, Tirá.

– Esse é Felipe, filho de Miguel, o dono da hospedaria.

O coração de Rodrigo disparou na mesma hora. Lembrou-se da promessa de Daniel quando lhe disse que Felipe o encontraria.

Suas pernas tremeram e sua feição congelou, o que foi logo percebido por Tirá que viu a palidez em seu rosto.

– O que houve, meu irmão? Está se sentindo bem?

– Sim, me perdoe.

Felipe levantou-se, segurou Rodrigo pelo braço e o conduziu a sentar-se no banco onde estava com Tirá.

– Vou pegar água para seu irmão, senhora.

– Faça isso, por favor. Sente-se, Rodrigo. O que houve?

Rodrigo esperou para que Felipe se afastasse e conversou então com Tirá explicando-lhe da visão do Anjo que o alertava a respeito deste encontro. Tirá, impressionada com a revelação de Rodrigo, passou a ver Felipe como um enviado de Deus para ajudá-los. Neste momento, Felipe aproximou-se de volta trazendo em suas mãos uma bandeja com uma moringa de porcelana contendo água fresca e alguns copos.

– Aqui está, senhor, sua água. Trouxe para todos.

– Obrigado, muito obrigado.

– Muito prazer. Me chamam Felipe. Sou o filho de Miguel, dono da hospedaria – disse Felipe, estendendo sua mão direita com o intuito de cumprimentar Rodrigo. E prosseguiu, buscando acalmá-lo.

– Tirá me falou que vocês pretendem seguir até o Egito.

– Sim, este é nosso destino.

– Desculpe-me a audácia, mas será que eu poderia acompanhá-los nesta jornada? Há tempos aguardo uma oportunidade como esta para partir. Seria perfeito.

– Olha, se o seu pai não se opuser e concordar, sim, poderia nos acompanhar, sem problemas. Já tinha, inclusive, comentado com seu pai que precisaria de homens para nos ajudar na viagem. Não posso pagar muito, mas como desejas ir ao Egito, juntamos sua necessidade com nossa carência.

– Não precisas me pagar. Tenho prendas. Quando pretendem partir da Síria?

– Assim que Tirá se sentir pronta para seguirmos. Agora vamos ao mercado central. Desejas ir conosco?

– Sim, será um prazer acompanhá-los. Mas Rodrigo, se não se importam, gostaria de pedir que Tirá coloque roupas mais simples, pois o mercado está infestado de soldados que caçam estrangeiros. A beleza de sua irmã certamente chamará a atenção de todos e isto pode ser problema para nós.

– Faça o que Felipe nos pede, Tirá, por favor! Aguardamos você aqui. Aproveite e apresse Lia e Marques.

Seguindo as orientações de Felipe, tudo transcorreu tranquilo na ida à cidade. Todos compraram itens essenciais e conheceram alguns locais importantes da Síria. Tirá comprou roupas, comida e condimentos para utilizar na viagem ao Egito. Mais tarde, já de noite e de volta à hospedaria, Rodrigo sentou-se com Tirá em frente ao lago para conversarem e planejar o futuro de ambos. Logo Marques se aproximou junto com Lia e todos ficaram a se divertir contando casos engraçados, buscando amenizar um pouco os tempos recentes tão sofridos e tristes para todos.

Felipe apareceu e trouxe em suas mãos um pequeno violão artesanal. Todos ficaram até tarde da noite a cantarolar músicas ciganas, dançando e se divertindo, lembrando os bons tempos de acampamento cigano na tribo de Ruí. Miguel, ao longe, vendo o filho feliz sentiu-se aliviado, pois havia muito tempo Felipe não esboçava sorrisos e nem pegava em seu violão. Sentiu que ele já pertencia àquele grupo sem nem mesmo se dar conta disso. A afinidade foi instantânea. Pareciam espíritos designados a se ajudar. E, de fato, eram. Após sete dias de descanso, Rodrigo resolve que seguiriam viagem.

Após longo abraço, Felipe despediu-se de forma calorosa de seu pai, Miguel. Ele lhe deu moedas e desejou ao filho toda felicidade do mundo. Aconselhou-o a seguir os ensinamentos que lhe dera em sua educação e o alertou a tomar muito cuidado com os soldados que estão espalhados pelas estradas até o Egito.

– Pode deixar, pai. Fique tranquilo que um dia volto para lhe ver.

– Vá, meu filho. Encontre sua felicidade. Adeus, amigos. E, pelo amor de Deus, cuidem bem de meu filho.

– Pode deixar, Miguel, cuidaremos como se fosse de nossa própria família. Assim são os ciganos: um novo membro do grupo viajante é um novo membro em nossa família.

* * *

O grupo partiu e seguiu o trajeto até Damasco. Chegando lá, foram informados de que era impossível passar próximo a Jerusalém. Um grande conflito armado estava acontecendo e era muito arriscado tentarem passar. Felipe, o mais novo do grupo, estava muito nervoso e procurou Rodrigo para informá-lo de que não deveriam passar por Jerusalém.

– Rodrigo, fui informado de que não podemos passar por Jerusalém. Não tem como.

– O que está havendo lá?

– Apesar de o imperador ordenar que parem de perseguir os cristãos, alguns de seus comandados insistem em sacrificar e matar aqueles que creem em Jesus. Está muito perigoso ir até lá. Mas temos uma saída. Podemos seguir até Haifa, e lá pegarmos um barco até Alexandria, navegando pelo Mar Vermelho.

– É seguro?

– Neste momento é o caminho mais seguro, cigano – era como Felipe carinhosamente o chamava.

– Então faremos assim. Dentro de alguns dias estaremos chegando a Safed e logo chegaremos a nosso destino.

– Como iremos navegar? Tens alguma experiência em navegação?

– Não, mas tenho algumas moedas e podemos contratar um barco para nos levar direto a Alexandria pelo Mar Vermelho. Levaremos ainda algum tempo para chegar lá. Enquanto isso vamos nos manter unidos e em orações ao nosso Deus para que nada de mal nos aconteça – concluiu Rodrigo.

Hosana

No peito bate um tambor no ritmo
de cada gota de sangue cigano

* * *

Mais alguns dias de viagem adiante e uma surpresa. Felipe e Marques voltaram correndo de uma volta de reconhecimento do terreno à frente do grupo.

– Rodrigo, Rodrigo, avistamos ao longe um acampamento cigano. Será que podemos nos aproximar?

– Sim, claro! Vamos ver nossos irmãos e pedir conselhos sobre nossa viagem. Os ciganos sempre são solidários.

Um grande acampamento cigano estava realmente adiante. Havia muitas barracas armadas com lindos tecidos coloridos. Crianças brincavam por todo lado e muita gente sorria e cantava ao som da música tocada em violas e violinos. Rodrigo instruiu o grupo a esperar um pouco afastado, que ele iria procurar o líder para se apresentar, buscando um primeiro contato amigável e respeitoso.

– Boas-tardes, senhores?

– Boas-tardes!

– Gostaria de falar com o líder de seu grupo, por favor.

– Venha comigo, que o levarei até Girão.

Rodrigo vai ao encontro do líder.

– Senhor, esse moço deseja falar-lhe:

Girão olha Rodrigo de cima a baixo e logo reconhece ali um amigo cigano.

– *Optcha!* Sente-se, amigo. Seja bem-vindo!

Estendendo a mão para cumprimentar Rodrigo, Girão o recebe muito bem com um sorriso aberto no rosto.

– Sou filho de Ruí, rei dos ciganos da Armênia. Meu pai foi assassinado pelos soldados romanos quando estávamos próximos à Capadócia. Estou junto com meus amigos e minha irmã a seguir até as terras de Alexandria. Fui orientado pelos amigos do plano espiritual a ir para lá.

Espantado com a notícia, Girão perguntou a Rodrigo:

– És então filho de Ruí?

– Sim.

– Meu Deus, como fico feliz em te encontrar! Eu e seu pai fomos grandes amigos. Não sabia de seu desencarne. Que lástima, meu Deus! Que tristeza!

– Sim, meu pai e todos do meu clã foram assassinados quando chegávamos à Capadócia. Meu pai me levava para a terra dos cavalos.

– Ah, pois sim, conhecem a sua fama de encantador de cavalos. Todos os povos ciganos conhecem, a propósito. Mas é uma grande pena Ruí ter tido uma morte assim. Estou profundamente sentido pelo seu pai, meu jovem cigano. Meus sentimentos.

– Obrigado, senhor. Realmente tem sido tudo muito triste. Mal pudemos realizar a sessão de cremação de meu pai e prestar-lhe as últimas homenagens. Se não fosse por Jorge, meu pai teria sido enterrado como indigente. O destino lhe reservou um final assim. O que fazer, se são os desígnios de Deus?

– Sim, Rodrigo. Contra a vontade do Pai nada podemos fazer. Temos que aceitar as coisas que a vida nos coloca como ensinamentos para nosso melhor amanhã. Pode ficar entre nós o tempo que achares necessário para o pronto restabelecimento de seu grupo. És bem-vindo, filho de Ruí.

– Obrigado, amigo. Vou avisar a todos que ficaremos por aqui por alguns dias.

* * *

De volta à tenda central do acampamento, Rodrigo agora está acompanhado do grupo.

– Senhor, quero lhe apresentar meus amigos. Esta é minha irmã, Tirá.

– Linda moça, se parece com a mãe. Meus sentimentos pelo ocorrido com seu pai, minha querida. Meus pêsames.

– É verdade, ela se parece muito com a nossa mãe.

– Este é Felipe, um amigo que encontramos em nosso caminhar. E estes são Marques e Lia.

– Sejam todos muito bem-vindos. Venham com a paz do Senhor a esta humilde tribo cigana. Quero que fiquem à vontade e se precisarem de alguma coisa é só falar.

Todos agradecem a Girão cumprimentando-o com gestos e estendendo as mãos para saudá-lo.

– Vou pedir que alguns companheiros ajudem vocês com as barracas. Não arrumem as barracas muito longe, amigos têm que ficar sempre por perto. Depois de montarem tudo, venham para conversarmos um pouco mais e jantarmos em volta da fogueira central.

Ao longe, a cigana Hosana observa seu pai a conversar com o grupo de desconhecidos. Não tão longe que não pudesse perceber no grupo um cigano muito bonito e que a levou a pensar que finalmente aparecera um forasteiro bonito, charmoso e cigano na aldeia. Dirigindo-se ao seu pai, Hosana investigava sobre os visitantes.

– Pai, quem eram? Eram amigos?

– Sim, minha filha. Eles são filhos de um grande amigo do papai, de longa data. Agora eles estão a arrumar suas coisas e ficarão algum tempo entre nós. Mais tarde apresentarei à nossa tribo na hora do jantar para que todos conheçam o grupo de novos amigos.

– Mas quem são?

– São ciganos como nós. Andarilhos que estão a caminho de Alexandria. Seu pai era Ruí, rei dos ciganos da Armênia. Um dos maiores e mais importantes líderes ciganos que já viveram por estas terras. Muito respeitado e querido. Uma pena que tenha partido.

* * *

Na hora do jantar, todos estão felizes em volta da fogueira. Girão reservou um lugar especial para os novos amigos no círculo de ciganos que comiam e gargalhavam muito. Felipe logo percebeu que havia uma moça ao lado de Girão que não tirava os olhos de Rodrigo um segundo sequer e tratou de comentar logo com ele.

– Rodrigo, olhe ali. Aquela linda cigana está olhando fixamente para você. Já não é de agora.

– Deixe de bobagens, homem.

Tirá também percebeu que a moça estava a conversar com Girão, mas não parava de fitar Rodrigo com olhares direcionados. Também comentou com o irmão.

– Rodrigo, aquela linda cigana que está a conversar com o senhor Girão não tira os olhos de você. Vocês se conhecem?

– Ora, deixe de bobagens, Tirá. Você também? Não temos tempo para essas coisas. Temos que ter foco. Não vê que é só uma menina curiosa com a visita de estranhos?

– Tudo bem, não está mais aqui quem falou. Mas que com aquele olhar acho difícil ser apenas curiosidade, ah isso acho. Mais me parece interesse mesmo. Já está na hora de você arrumar uma companheira. Tens que pensar em ti, cuidar desse coração também.

– Estou pensando em mim quando cuido bem de você. E isso é o que me importa.

Girão, ao perceber que Tirá estava a observá-lo, fez um gesto com as mãos convidando-os para ficarem mais perto dele.

– Olhe, Girão está a nos chamar.

Rodrigo acenou de volta confirmando que vira o gesto. E logo eles se levantaram e foram ao encontro do líder da tribo.

– Rodrigo, meu jovem, gostaria de te apresentar minha filha, Hosana.

– Sua filha? Muito prazer, senhorita.

Encabulada e procurando esconder-se atrás de sua timidez, Hosana estendeu sua mão direita a Rodrigo, que a beijou delicadamente. Quando recolheu a mão, aproveitou para ajeitar o véu que lhe cobria parte do rosto, este que deixava ainda mais evidente o quanto seus olhos brilhavam como duas esmeraldas cintilantes. Hosana era de fato uma linda cigana de aproximadamente dezessete anos. Tinha pele morena, olhos verdes e cabelos bem longos e negros. Por ser a filha do líder da tribo, estava sempre muito bem vestida com seus trajes ciganos e um lenço cobrindo sua boca, preservando-a. Hosana era filha única de Girão e Ana.

– Muito prazer. Pai, vamos mandar preparar uma rodada especial de *raki* para brindar a presença de vocês esta noite?

– Obrigado, senhorita, não precisa.

– Eu e minha mãe fazemos questão de receber bem nossos irmãos ciganos, né pai?

– Sim, minha filha. Como todo bom cigano.

– Obrigado pelo carinho e atenção de todos vocês. A família de vocês é muito bonita e honrosa. Com licença, preciso resolver uma questão urgente junto ao Marques – disse Rodrigo de forma confusa e nitidamente dando uma desculpa para se ausentar.

Rodrigo ficou bastante incomodado pelo fato de seu coração ter disparado por ter chegado perto de Hosana e segurado sua mão. No mesmo instante suas mãos suaram e sua testa encharcou. Sem saber como, ao olhar em seus olhos ele sentiu que já conhecia Hosana havia muito tempo. Essa sensação estranha invadiu seu peito subitamente, sem nem mesmo pedir autorização ou licença. Seu coração se viu acelerado como um cavalo no mais intenso galope. Por isso, saiu em fuga daquela situação que ele não dominava, inventando que precisava tratar de uma questão com Marques. Rodrigo podia fugir, podia se ausentar e até se afastar, mas aquele olhar marcante de Hosana não sairia assim tão facilmente de seus pensamentos. Ele logo pensou consigo:

"Ora, Rodrigo, Rodrigo. Logo você, meu caro?! Doma e encanta o mais selvagem dos cavalos e vai cair aos pés de uma cigana qualquer? De jeito nenhum! Não posso me submeter a isso. Não agora."

Rodrigo encontrou Marques terminando de montar a última barraca do grupo e logo o chamou, até para justificar a saída em fuga da fogueira. Porém, antes de chamar por Marques este o chamou primeiro.

– Rodrigo, que bom encontrá-lo! Nós estávamos mesmo precisando falar com você – e então Marques gritou por Lia para se juntar aos dois na conversa.

– Claro, podem falar, Marques, Lia.

– Rodrigo, perdoe-nos, mas eu e Lia estamos apaixonados e pedimos sua licença para nos casarmos. Não conseguimos mais conter nossos sentimentos. Queremos mostrá-los ao mundo.

– Opa jura? Mas que novidade boa! Eu jamais poderia supor. Como sou desligado para essas coisas, não é mesmo? Mas que felicidade, Marques! Claro que tens a minha anuência. E sabe do que mais? Conversarei com Girão para providenciarmos os festejos aqui mesmo. Parabéns Lia, fico muitíssimo feliz por vocês.

– Obrigado, senhor, perdoe-nos qualquer coisa.

– O amor tem que ser vivido em sua amplitude e magnitude. Não importam as diferenças nem tampouco as fronteiras. O amor é divino e, sendo assim, eu abençoo essa união com muita alegria no peito. Desejo muitas felicidades e que eternamente estejas a cortejar essa linda e encantadora mulher, Marques.

– Obrigado, Rodrigo. Suas palavras tocam meu coração profundamente. Logo se vê que você é bom com elas, com as palavras. Além de ser um exímio encantador de cavalos, é também um incrível encantador de pessoas.

– Ora, deixe disso. Venham aqui, quero abraçá-los e felicitá-los.

Os três então se abraçaram longamente de forma emocionada.

Rodrigo foi logo depois até Girão para conversar com ele sobre a união de Marques e Lia.

– Girão, nossos amigos Marques e Lia acabaram de me comunicar que decidiram se casar. Que alegria! Mas me preocupa um detalhe: como não são ciganos, não sei que tipo de festa poderia oferecer aos amigos. Peço-te desculpas por trazer tal situação para seu clã assim de forma repentina.

– Rodrigo, sabes que entre os costumes ciganos o casamento é um ritual bastante intenso, não sabes?

– Sim, Girão, tenho consciência dos nossos costumes. Sei que ambos não são ciganos, mas são pessoas que se tornaram muito especiais para mim, principalmente com a perda de minha mãe, meu pai e depois, de Jorge.

– O casamento é uma das instituições mais respeitadas e honradas entre nós, ciganos. E é o que nos permite a continuidade da raça. Por isso, o casamento entre os não ciganos não é permitido em hipótese alguma. Sabes que é pelo casamento que os noivos ingressam no mundo dos adultos. Por isso, qualquer intimidade é proibida antes do casamento. Antes de a cerimônia acontecer, durante três dias e três noites os noivos ficam separados, dando atenção aos convidados. Somente na terceira noite é que podem ficar pela primeira vez a sós.

– Sei de tudo isso, Girão. É realmente um ritual belíssimo. Compreendo sua preocupação com nossas tradições.

– No caso de a moça ser virgem, um dia após o casamento ela deve se vestir com uma roupa colorida bem tradicional e um lenço na cabeça, simbolizando que é, a partir de então, uma mulher casada.

– Perdoe-me, amigo, mas acho que eles ainda não tiveram nada íntimo.

– Pergunte a eles, se assim o for, poderemos pensar no caso.

Rodrigo queria resolver o impasse. Correu na direção de Marques que ao longe observava a conversa dos dois.

– Querido amigo Marques, para se casar dentro dos rituais ciganos preciso saber algumas coisas sobre vocês.

– Pergunte, Rodrigo, o que seria?

– Vocês já tiveram alguma coisa juntos, digo assim, intimamente, se é que vocês me entendem?

– De jeito nenhum, Rodrigo. Lia se preserva para a noite especial.

Com um leve sorriso no rosto, Rodrigo não disfarçou sua alegria ao ouvir a resposta de Marques.

– Por que perguntas isso e ainda ficas a sorrir? Deveríamos ter feito algo, Rodrigo?

– Não, meu caro. É justamente o contrário. Sua resposta facilita muito seu casamento. Nós, os ciganos, nos casamos virgens, ou seja, o casal não pode ter tido relações antes do encontro de almas, que é como consideramos o matrimônio.

Rodrigo puxou Marques para irem juntos posicionar Girão a respeito da situação sobre a intimidade do casal.

– Querido amigo Girão, boas notícias! O casal ainda não teve nenhuma intimidade. E Lia ainda é virgem.

– Então creio que não teremos nenhum problema em realizar a cerimônia. Podem preparar os festejos. Fale com Hosana, pois ela é a nossa encarregada desse tipo de ritual, organizando tudo muito bem, como poucos, aliás.

– Agradeço-te amigo. Pode deixar que falarei com ela.

– Obrigado, Girão. Muito obrigado – completou Marques sorridente e muito feliz.

Durante a festa de casamento, os homens sentam em uma mesa no chão e com um pão sem miolo recebem os presentes, dinheiro ou ouro. Estes são colocados dentro do pão ao mesmo tempo em que os noivos são abençoados. Em troca, recebem lenços e flores para as mulheres.

Apesar de não serem ciganos, Marques e Lia receberam as bênçãos de Girão, um grande líder, respeitado por todos os clãs de ciganos espalhados sobre a Terra. Rodrigo voltou até sua barraca e, junto com Tirá, conversava com os noivos sobre os preparativos da festa de casamento. Tirá levou Lia para escolher junto com Hosana o vestido e ornamentos para a festa. Foram três dias de muita dança e alegria no acampamento. Todos celebraram muito a união de Marques e Lia que, embora não fossem ciganos, foram tratados como tal pelo grupo de Girão.

Durante a festa, Rodrigo e Hosana trocaram mais olhares, cada vez mais intensos. Uma aproximação era inevitável.

– Rodrigo, gostaria de lhe falar por um momento.

– Claro, está servida? – Rodrigo ofereceu um pouco de *raki* para Hosana.

– Muito grata. Importa-se se nos afastarmos um pouco daqui? Está muito barulhento aqui.

Meio sem jeito, Hosana e Rodrigo estavam ambos muito envergonhados. Afastaram-se lentamente para um gramado próximo às barracas.

– Rodrigo, tu és cigano mesmo?

– Sim, claro. Tens alguma dúvida?

– Tenho percebido seus gestos e suas atitudes para com seus amigos e todos nós aqui. E tenho algo a lhe dizer, mas fico envergonhada em falar.

Rodrigo aproximou-se da moça, meio sem jeito. Não sabia sequer o que dizer naquele momento. Tomou-lhes as mãos num gesto de carinho e pôde sentir que estavam geladas, provavelmente de nervosismo. Aproximou então seu corpo para mais perto de Hosana, quando ela conseguiu juntar o fôlego e a coragem para continuar.

– Meu coração treme ao lhe ver. Minha alma fica feliz com a sua simples presença. Não sei o que é isso. Só sei que precisava lhe dizer isso tudo.

– Hosana, não sei o que dizer... sinto algo muito parecido, muito forte mesmo, quando estou na sua presença.

– Rodrigo, sinto meu coração acelerar quando você chega perto de mim, quase não consigo ficar de pé. Algo muito estranho acontece em mim quando estou perto de você.

Rodrigo não se conteve mais. Puxou Hosana para junto de seu corpo suado e cheiroso, tomou seu queixo com a ponta dos dedos e conduziu a boca de Hosana ao encontro da sua. Um beijo intenso e profundo foi trocado entre bocas apaixonadas. Pele tocando na pele, lábios nos lábios. Dois tornam-se um. Sentem-se como se realizando um encontro de almas.

Passaram o resto da noite a namorar próximo ao acampamento, tendo as estrelas como um cobertor iluminado. Contaram muitas histórias de suas vidas e juntos, riram muito. Já na madrugada, após todos terem se recolhido, Rodrigo levou Hosana até sua barraca e se despediu da amada.

* * *

E, mais uma vez, ao sétimo dia, Rodrigo resolveu que o grupo deveria seguir viagem. Alexandria os esperava. Sabendo que a saudade de Hosana iria incomodá-lo profundamente, pensou muito em sua necessidade de partir. Mas a certeza de que sua missão deveria ser cumprida o fez seguir adiante independentemente dos sentimentos. Decisão tomada, precisava comunicar a Hosana e a Girão o momento de sua partida.

– Bons-dias, Girão!

– Bons-dias, Rodrigo!

– Girão, não tenho palavras para agradecer sua hospedagem e amizade. Mas teremos que partir amanhã de amanhã cedo.

– Amigo Rodrigo, nossa tribo sempre estará ao seu dispor. Mas me diga: sabes das perseguições que estão a acontecer próximo a Alexandria?

– Sim, amigo, fui informado. Mas tenho uma missão a cumprir lá e não costumo fugir de minhas missões.

– Bom, se tens consciência do perigo, nada posso fazer a não ser desejar muita sorte a vocês e dizer que orarei muito por todos do grupo, especialmente por você e Tirá, filhos queridos do meu saudoso irmão de alma, Ruí.

– Agradeço muito a sua preocupação, mas temos realmente que seguir em frente. Peço-te que cuide de Marques e Lia por mais um pouco, pois os amigos desejam constituir família aqui e não querem seguir conosco.

– Não se preocupe, deixe-os aqui. Marques é um homem forte e pode me ser útil.

– Agradeço-te, pretendo ainda voltar a estar com vocês, mas preciso mesmo ir a Alexandria.

– Vá, amigo, e cumpra seu destino! Não se esqueça de que deixarás um coração a te esperar. Minha filha está totalmente apaixonada por você.

– Sei disso, senhor, e prometo que voltarei para ficar definitivamente com Hosana.

– Obrigado. Agradeço sua preocupação e amor por ela.

– Vá conversar com ela.

– Vou procurá-la!

– Faça isso!

Rodrigo dirige-se à barraca de Hosana, e encontrando-a sozinha, põe-se a conversar.

– Hosana, posso entrar?

– Sim, meu amor, pode!

Rodrigo curva seu corpo para fixar seu olhar ao olhar de Hosana.

– Hosana, eu tenho que seguir meu destino. Sabes que paramos aqui para nossa segurança, e o destino me uniu a você. O amor que sinto, diz-me que não posso viver sem você, mais, eu preciso cumprir com o compromisso e chegar a Alexandria, conforme orientação do Anjo.

– Meu amor, não fala isso!

– Meu coração está partido, agora deixo aqui o amor que sinto por você e dois dos melhores amigos que consegui nesta vida.

– Rodrigo, peço-te que não vá, jamais serei uma mulher feliz sem estar a seu lado!

– Compreendo, mas assumi o compromisso com o Anjo de ir a Alexandria, ainda não sei bem o motivo que me leva lá, mais preciso ser digno da presença do Anjo.

– Meu amor, por favor, não vá!

– Perdoe-me querida Hosana, mas tenho que ir!

Ao pegá-la pelas mãos, olhando fixamente em seus grandes olhos verdes, Rodrigo a envolve em um abraço apertado e num beijo profundo e se despede de sua amada, prometendo voltar para, juntos, seguirem seu destino.

– Rodrigo, estarei te esperando, nunca serei mulher de outro ROM (homem no dialeto cigano), estarei aqui junto de meu pai e minha mãe a te esperar.

– Voltarei, querida, pode me esperar. Tenha certeza de que o amor que sentes por mim é correspondido, jamais deixarei de te amar. Onde quer que eu esteja, meu coração e meus pensamentos estarão aqui com você.

Após um beijo ardente e alguns minutos abraçados, Rodrigo deixa a barraca de Hosana com o coração em pedaços e vai à procura de Marques, quando é encontrado por ele.

– Rodrigo!

– Sim, Marques! Estava mesmo a lhe procurar. Vou partir!

– Amigo Rodrigo, gostaria de te agradecer por tudo que você fez por mim e pela Lia. Não sei se estaria vivo hoje se não fosse você, muito obrigado por tudo.

– Querido Marques, fiz o que meu coração mandou. Quando cheguei à casa de Jorge ainda menino, você me ensinou os passos para me tornar o homem que sou; eu é que tenho que te agradecer pelo carinho, pelas refeições, pelas roupas e por tudo o que fizestes por mim e por Tirá. Você que sempre foi leal, justo e bondoso. Continue assim e você viverá feliz para sempre junto dos ciganos. Ser cigano não é para qualquer um, e você tem em seu coração todo o sentimento nobre que os ciganos carregam em si.

Rodrigo abraça Marques, despedindo-se.

– A Lia está chegando, espere. Ela deseja agradecer-te por tudo.

Lia aproxima-se do grupo trajando um lindo vestido vermelho trazendo em seu cabelo uma rosa amarela.

Ao aproximar-se de Tirá retira lentamente a flor de seu cabelo e a presenteia.

– Tirá, menina Tirá... Lembro-me ainda do dia em que chegastes à casa de Jorge, lembro-me que trajavas roupas como esta que visto agora. E agora mesmo consigo compreender toda a ternura que vi em seu olhar naquele dia. Agora estamos nos separando, meu coração sente-se vazio como se perdesse uma filha.

Lágrimas começam a brotar de seus olhos.

Tirá gentilmente as seca estendendo seus polegares ao rosto de Lia.

– Não chores, agora estás entre amigos, e esses saberão cuidar muito bem de ti. Agora tu és uma mulher casada com este lindo companheiro Marques, a felicidade está em seu caminho. E sempre me lembrarei de você com todo carinho.

Todos se abraçam.

– Ei Lia, transforme suas lágrimas em lágrimas de alegria – diz Tirá.

– Rodrigo, quero do fundo do meu coração te agradecer por tudo o que fizestes a mim e ao Marques.

– Lia, você é e sempre será a mulher mais encantadora que tive em minha vida. Sua bondade e seu carinho para com Tirá jamais serão esquecidos.

– Obrigado por tudo, amigo – diz Marques.

– Agora vamos, temos uma longa viagem pela frente.

– Vá, amigo, cumpra seu destino.

– Vá, Tirá e seja feliz.

– Obrigado, Marques; obrigado, Lia.

Após algum tempo, todos estão a viajar, e Marques e Lia ficam na barraca deixada por Tirá como presente para o casal.

Seguem Tirá, Felipe e Rodrigo, levam poucas coisas, viajam a cavalo para a cidade de Haifa.

Ao passar por lindos campos próximos à entrada da cidade, Rodrigo lembra-se do pedido de seu pai para despejar as cinzas de Manuel em lindos campos verdejantes.

– Esperem, tenho que fazer uma coisa!

– O que foi, Rodrigo – pergunta Tirá.

– Tenho que cumprir uma promessa que fiz a meu pai.

– O que foi? – pergunta Felipe.

– Esperem, já volto!

Distanciando-se do grupo parando seu cavalo, Rodrigo desce lentamente e dentro de uma sacola grande onde carrega seus pertences, pega o pote dourado onde se encontram as cinzas de Manuel. Ajoelha-se e começa a orar.

– Senhor Deus, obrigado por tudo que tens me dado e tudo que tens me mostrado nesta vida terrena; agradeço-te pelo amigo Manuel, e peço-te que o receba com toda luz em seus reinos eternos. Aqui eu lhe entrego as cinzas desse nobre homem, amigo e companheiro fiel de meu pai.

Rodrigo pega as cinzas de Manuel e as deixa correr entre os dedos, levadas pelos ventos suaves da campina verde e bela.

Tirá observa tudo ao longe, desce de seu cavalo e vai ao encontro de Rodrigo carregando em suas mãos a espada de Jorge.

– Rodrigo, perdoe-me interrompê-lo, mas tenho uma coisa para deixar junto às cinzas de Manuel.

– Traga, Tirá.

Rodrigo pega a espada de Jorge, retirando-a de dentro da capa, e a crava na campineira. Ao lado, deixa o pote dourado contendo ainda um pouco das cinzas do nobre amigo. Tirá ajoelha-se, e pegando nas mãos de seu irmão, pede que juntos façam uma prece para Jorge.

Ajoelhados, oram a Deus pedindo proteção e luz para que sigam até seu destino final.

Após alguns dias...

– Rodrigo, estamos muito próximos do porto! Acho melhor um de nós ir e negociar a viagem a Alexandria.

– Vou descansar um pouco aqui, debaixo dessas árvores; vá até o porto e negocie nossa travessia, Felipe.

– Sim, descansem; volto assim que possível com tudo resolvido.

– Venha, Tirá, descanse. Quer que faça uma fogueira?

– Sim, faça para nos aquecer!

– Vou buscar lenha, tome conta dos cavalos.

– Sim, meu irmão, pode deixar que cuido deles.

Rodrigo espalha alguns lenços pelo gramado, debaixo da árvore, preparando um ambiente de descanso para Tirá.

– Rodrigo, seu Anjo falou o que faremos em Alexandria?

– Não, Tirá, nem imagino o que é que ele quer que façamos lá.

– Ore a ele para nos dizer o que fazer.

– Farei isso. À direita dessa estrada há um pequeno córrego, quer banhar-se?

– Sim.

– Vamos então!

Rodrigo e Tirá seguem para a beira do lago. Enquanto Tirá banha-se, Rodrigo faz uma prece pedindo orientações a Daniel.

De nada adianta, e os dois voltam para o ponto de encontro com Felipe.

– Já está a chegar a noite, e o Felipe não aparece! Terá acontecido alguma coisa? – pergunta Tirá um pouco assustada com o passar do tempo, sem notícias de Felipe.

– Não, irmã! Fique tranquila, logo ele estará aqui.

Passam-se algumas horas, galope de cavalos é ouvido por Rodrigo e Tirá.

– Está ouvindo?

– Sim!

– Deve ser o Felipe!

– Tomara, já estou muito preocupada com ele!

– É ele sim, conheço o galope desse cavalo – afirma Rodrigo.

Felipe aproxima-se dos amigos trazendo seu cavalo em marcha lenta.

– Olá, Felipe! Por que demorou tanto, homem?

– Desculpe-me, Rodrigo. É um pouco longe, e não foi fácil achar o barqueiro para nos levar a Alexandria.

Senhorita Tirá cumprimenta-o.

– Conseguiu organizar tudo?

– Sim, está tudo combinado, partiremos logo ao amanhecer!

– Então vamos arrumar nosso acampamento aqui mesmo, me parece local seguro e temos água em abundância.

– Sim, vamos – concorda Felipe.

– Vamos buscar mais lenha para a noite.

– Venha, Felipe, há um lago para banhar-se.

– Vou banhar-me – diz Felipe.

– Tirá, prepare alguma coisa para nosso jantar. Temos tâmaras?

– Sim, temos. Pode deixar, Rodrigo, temos frutas, pães e pastas também.

– Obrigado, irmã.

Após conversarem longamente sobre a vida de Jesus, todos se deitam para dormir.

Rodrigo, como sempre, deita-se próximo a Tirá para protegê-la de qualquer perigo durante a noite.

Já é madrugada quando Rodrigo é acordado por Daniel.

– Rodrigo, acorde!

– Ouvindo a voz serena de Daniel, Rodrigo levanta-se lentamente para não acordar sua irmã. Saindo da barraca, vai ao encontro de Daniel, que está embaixo de uma árvore muito iluminada por luzes angelicais, envolto em uma densa neblina branca.

– Daniel, te chamei muito hoje; preciso de suas orientações para o resto da viagem e saber o motivo de minha ida a Alexandria.

– Querido Rodrigo, desde menino ando a teu lado, guiando tua caminhada pela terra; sabes que somos enviados de Deus para guiar-te a cumprir tua missão e protegê-lo.

Muitas coisas têm passado com resignação à aceitação dos desígnios a ti impostos, o que nos traz muita felicidade. Sua obediência, caráter e fé transcendem todos que estão à sua volta.

Tua missão como cigano te liberta dos desejos mais pobres da busca incessante da humanidade por bens materiais. Sendo cigano, fostes educado a amar a liberdade e o que ela te traz. Agora, nossa missão está findando, tens que ir a Alexandria para encontrar uma moça de nome Catarina, que anda realizando muitos milagres por lá. Ela terá seu martírio, e tu serás o amigo que cuidará dos restos mortais dessa menina.

Mas antes de chegar a teu objetivo, ainda sofrerás uma grande perda; sei que tens perdido tudo e todos pelo caminho, mas lembra-te de que não há perda e só um afastamento temporário da carne viva para o espírito eterno.

Breve todos estarão reunidos na vida eterna.

Teu pai sente-se muito orgulhoso da missão que lhe foi confiada, tua mãe está a lhe esperar. Todos os que partiram de perto de ti continuam vivos na vida eterna, oram e trabalham incessantemente para que tua missão seja bem-sucedida, saiba que todos estão a teu lado, e que batalhas ainda estão por vir.

Observa os ensinamentos de Cristo, que nada juntou e que em todas as suas conversas pregava a vida eterna e o amor a seus semelhantes, mesmo nos momentos mais difíceis Jesus amou. Em seu martírio, Jesus não julgou, simplesmente pediu ao Pai que perdoasse aqueles que o julgavam e o martirizavam. Lembra-te disso: Jesus é o caminho. Olha quem está a chegar para te abraçar.

Novamente a névoa branca e cristalina envolve a árvore em que ambos estão e dela sai o seu amigo Jorge. Surpreso e feliz, Rodrigo corre a abraçar Jorge.

– Meu amigo Jorge!

Jorge sai de trás da árvore e abraça Rodrigo.

– Querido Rodrigo, estarei perto de ti no momento em que mais sofrerás; lembre-se de que o amor é eterno, e com amor tudo pode ser vencido.

– A batalha está para começar, teu sofrimento será intenso, mas lembra-te de que estarei sempre ao teu lado com meus soldados do bem, soldados de Jesus.

– Que Deus então me proteja e guie-me para minha missão.

– Obrigado, amigos pela ajuda e proteção.

– Vá, Rodrigo, descanse e siga teu destino.

– Obrigado, Daniel! Obrigado, Jorge!

– Diga a Tirá que meu amor por ela ainda corre pulsante dentro de todo o meu ser.

– Pode deixar, Jorge, falo com ela que estive com você.

– Obrigado, amigo, e siga seu destino.

Aquela noite Rodrigo não conseguiu mais dormir. Seus pensamentos e preocupações com a nova tarefa o tiraram o sono, saber que tem uma missão tão digna pela frente. E seus companheiros? O que seria deles? Só de pensar que algo poderia acontecer a Tirá lhe apertava o coração, mas sua confiança em Daniel e Jorge deixava-o sereno.

Coragem nunca lhe faltou, pois aprendeu com os cavalos a se determinar por seus objetivos.

– Bons-dias, Rodrigo!

– Bons-dias, Tirá!

– Já fizeste o café?

– Sim, acordei cedo. Nossos cavalos já estão prontos, assim que terminar o desjejum vamos em frente. Bons-dias, Felipe!

– Tirá, tenho uma coisa para lhe contar – diz Rodrigo.

– Fale!

– Venha até aqui.

Pegando-a pelas mãos, Rodrigo e Tirá se afastam do acampamento.

– Fala logo, Rodrigo! O que houve?

– Ontem fui visitado pelos amigos de luz, e adivinha quem veio me visitar?

– Não faço ideia.

– Jorge!

– Meu Deus, você viu ele?

– Sim, e ele está muito bem; mandou te dizer que o amor que sente por ti ainda pulsa fortemente em seu coração.

– Jamais esquecerei meu grande amor.

– Isso, irmã! Pense assim mesmo, ele está bem e feliz.

Com os olhos marejando, Tirá abaixa a cabeça como se fosse entrar em choro profundo, quando Rodrigo a toma pelo queixo olhando fixamente em seus olhos e diz:

– Ele só quer sua felicidade. Não chore!

Secando as primeiras lágrimas e olhando fixamente nos olhos de seu irmão, Tirá sorri.

– Tens razão, não posso chorar, sei que um dia estarei ao lado de meu amor para sempre.

– Isso mesmo. Agora vamos, pois Felipe se aproxima.

– Vamos, Rodrigo!

– Venham fazer o desjejum, pois precisamos andar.

– Sim, vamos adiantar, o barqueiro nos espera – responde Rodrigo.

Após terminar o desjejum todos arrumam rapidamente suas coisas e partem ao encontro do barqueiro.

E chegando ao porto eles encontram com o barqueiro Ramon.

– Senhor Ramon, bons-dias!

– Bons-dias, senhor Felipe!

– Esses são meus amigos: Rodrigo e sua irmã Tirá.

– Prazer, senhorita!

– Olá, senhor!

– Bons-dias, senhor Ramon!

– Este seu barco é seguro para nossa viagem? – pergunta Rodrigo preocupado com o tamanho pequeno da embarcação.

– Senhor, eu faço a travessia do Mar Vermelho todas as semanas e viajo uma vez por mês para Alexandria levando cristãos que vão em busca da menina Catarina.

– Que menina é essa? – pergunta Tirá.

– Catarina, senhorita. Ela é muito procurada pelo povo.

Tirá

Não desanimes. Persiste mais um tanto. Não cultives o pessimismo.
Centraliza-te no bem a fazer. Esquece as sugestões do medo destrutivo.
Segue adiante, mesmo varando a sombra dos próprios erros. Avança
ainda que seja por entre lágrimas. Trabalha constantemente.
Edifica sempre. Não consintas que o gelo do desencanto te entorpeça o
coração. Não te impressiones nas dificuldades.
Convence-te que a vitória espiritual é construção para o dia a dia.
Não desistas da paciência. Não creias em realizações sem esforço.
Silêncio para a injúria. Olvido para o mal. Perdão às ofensas.
Recorda que os agressores são doentes. Não permitas que os irmãos
desequilibrados te destruam o trabalho ou te apaguem a esperança. Não
menosprezes o dever que a consciência te impõe. Se te enganaste em
algum trecho do caminho, reajusta a própria visão e procura o rumo
certo. Não conte vantagens nem fracassos. Não dramatizes
provocações ou problemas.
Conserva o hábito da oração para quem se te faz a luz na vida íntima.
Resguarda-te em Deus e persevera no trabalho que Deus te confiou.
Ama sempre, fazendo pelos outros só o melhor que possas realizar.
Age auxiliando. Serve sem apego. E assim vencerás.

Emmanuel

Ao ouvir estas palavras Rodrigo estremece o corpo, um calafrio passa do pé à cabeça o deixando-o atordoado.

– Sabes onde posso encontrá-la? – pergunta Rodrigo.

– Sim, senhor, chegando à cidade, o auxilio.

– Obrigado, amigo!

– Quem é essa moça, Rodrigo, e por que queres encontrá-la?

– Não te falei, mas ontem o Anjo veio conversar comigo e me mandou procurar Catarina – murmurou Rodrigo no ouvido de Tirá.

– Então vamos a encontrar uma menina?

– Sim, estas são as ordens!

– Não fale alto e não deixe que percebam.

– Pode deixar – afirma Tirá.

Com um sorriso farto no lindo rosto, Tirá sente-se feliz. Ambos se abraçam pela felicidade que os envolve.

– Entrem no barco, sairemos logo! Não podemos levar os cavalos.

– Onde posso deixá-los? – pergunta Rodrigo.

– Tenho uma cocheira em minha casa, podes deixar lá.

– Pretendes voltar?

– Sim, voltarei.

– Se quiser vender este lindo animal, posso comprá-lo.

– Não, estes animais não estão à venda, peço-te que cuide deles em sua cocheira até minha volta.

Ramon, com um gesto de mão, chama para perto de si um menino de uns treze anos e ordena que leve os cavalos para sua casa.

– Ângelo, meu filho, leve esses cavalos e cuide deles até o moço voltar.

– Sim, meu pai.

– Obrigado, senhor!

– Vamos, embarquem! Peguem suas coisas devemos partir imediatamente.

Rodrigo observa seu cavalo ao longe, e a separação, mesmo que momentânea, é algo que nunca tinha ocorrido entre eles. Um misto de tristeza e saudade invade seu peito. Nunca havia se separado de seu fiel amigo.

– O que houve, Rodrigo? – pergunta Tirá.

– Nada irmã, nada!

– Estais preocupado com Hió e Jortam?

– Sabes que não me separo deles.

– Fique tranquilo que voltaremos para buscá-los.

– É, eu sei, mas fico preocupado com eles.

– Não fique assim, eles ficarão bem com o menino.

Todos embarcados, a viagem começa.

A travessia do Mar do Mediterrâneo é muito perigosa, e a viagem de Haifa a Alexandria dura alguns dias. Não se pode passar muito perto da orla, pois grupos de saqueadores invadem os barcos para matar e roubar pertences de pessoas viajantes.

Ramon é muito experiente e sabe exatamente o caminho a seguir com segurança.

Após muitas horas de viagem, o mar começa a ficar revolto. O barco aderna de um lado para outro como se fosse afundar, todos estão muito preocupados. Ramon conduz o barco com maestria sobre ondas de até três metros.

Um forte temporal se anuncia, e as coisas tendem a ficar piores.

Rodrigo põe-se em oração implorando a seus mentores espirituais que protejam a todos, e que nada de mal lhes aconteça.

– Tirá, segure-se, fique perto de mim!

– Rodrigo, estou com muito medo.

– Fique calma! Venha, prenda-se a mim, nada vai lhe acontecer.

Tirá aproxima-se de Rodrigo e agarra sua blusa com todas as forças. Está molhada, trêmula e insegura, pois nunca havia viajado de barco.

Rodrigo passa o braço direito sobre sua irmã prendendo fortemente o corpo dela junto ao seu.

Após algumas horas, a situação torna-se ainda pior. Tentando de toda forma segurar o barco, Ramon pede a todos que orem, pois acha muito difícil que consigam atravessar a tormenta. Ondas de cinco metros atingem o barco com muita violência, levando-o a afundar.

Rodrigo bate a cabeça na borda de madeira e desmaia. Felipe tenta achar Tirá entre as coisas que caíram no mar: latas, papel, galões, garrafas e cordas.... Preso a uma prancha de madeira, Rodrigo é salvo por Ramon, enquanto Felipe procura por Tirá.

– Ramon, ajude-me a achar minha irmã.

– Estou a procurar por todos, segure-se aí, que já volto.

– Tirá, Tirá! – gritava desesperado.

– Deus, socorra-me! Pai, tenha misericórdia de minha irmã, não me deixe sem ela!

– Senhor, encontrei seu amigo, agarre-se aqui.

Ramon traz consigo Felipe quase desmaiado; ele se prende a Rodrigo, que o auxilia.

Felipe, muito fraco e abatido, tenta ajudar Rodrigo a encontrar Tirá. Juntos, Rodrigo e Felipe gritam desesperadamente na escuridão do oceano na esperança de ouvir sua voz.

– Rodrigo, tentei pegar Tirá, mas vi quando ela afundou e não mais voltou. Perdoe-me, amigo, fiz o possível para salvá-la – diz Ramon.

– Meu Deus, por quê?

– Tirá, Tirá! – gritavam desesperados...

Passado algumas horas, a tristeza os abate. Rodrigo chorando muito se revolta com o Anjo.

– Por que me fizeste isso? Eu estava tão bem com minha querida irmã ao meu lado. Por que me trouxeste para cá, por quê? Oh, meu Deus, por que me fizeste isso?

– Calma, Rodrigo! Tenha calma, amigo!

O silêncio toma conta de todos.

As ondas começam a se acalmar, o mar volta à serenidade, o frio é intenso, agora todos estão preocupados com sua sobrevivência.

Rodrigo, muito triste, nem pensa em viver. Felipe lhe dá forças para seguir em frente.

– Confie em Deus, Rodrigo, ele sabe o que faz!

– Amigo Felipe, eu poderia perder tudo, menos Tirá.

– Fique calmo. Veja, há um farol próximo. É o farol de Alexandria – diz Ramon.

– Vamos nadar até lá.

– Vamos! Venha Rodrigo, nade conosco.

Após nadarem por cerca de uma hora, chegam à cidade de Damietta e são salvos por um grupo de peregrinos que os acolhem e lhe dão de comer e beber.

– Descanse, Rodrigo, vou procurar pela areia da praia, quem sabe ainda encontro a menina Tirá – exclama Ramon.

– Obrigado, amigo, mas será inútil, sinto que minha querida irmã partiu.

– Confiemos! Se nós conseguimos, quem sabe ela também nadou até esta praia?

– Meu amigo, fui avisado pelo meu protetor que ainda haveria uma grande perda em minha vida, só não achava que seria a única pessoa que me restava nesta vida.

– Há vultos sobre a areia a distância. Vou verificar quem sabe não é sua irmã. Olhe ao longe e poderás ver, vamos manter a esperança.

– Fique aqui que volto com notícias.

– Obrigado, amigo.

Ramon sai a andar pela praia em busca de Tirá e de pertences de seu barco.

Passado algum tempo, Ramon volta trazendo em seus braços o corpo morto da menina Tirá.

Rodrigo, ao vê-lo aproximar-se trazendo consigo um corpo nos braços, sai correndo ao encontro de Ramon. Felipe, ao ver a cena, corre para junto de Ramon.

– Meu Deus! Minha querida irmã!

Ajoelhando-se agarrado ao corpo de Tirá, Rodrigo entra em desespero.

Felipe abraça-o e tenta consolar o amigo.

– Calma, Rodrigo, não há mais nada a fazer.

Lágrimas correm nos olhos de todos, afinal a menina Tirá era jovem e muito bonita para ter tal fim.

Rodrigo ora a Deus por sua irmã.

– Oremos, amigos, pela alma de minha doce irmã; vamos juntar lenha para fazermos a cremação.

– Sim, Rodrigo, faremos isso.

Uma enorme fogueira é armada na praia. Ali Rodrigo deposita o corpo de Tirá com todas as orações e mantras ciganos, todos se despedem da menina Tirá.

Peregrinos que buscam Catarina de Alexandria e acolheram Rodrigo, Ramon e Felipe juntam-se a Rodrigo e Felipe para orarem por Tirá.

Ajoelhados, oram à Deus e a menina Catarina pela alma de Tirá.

Muito triste e abalado, Rodrigo fica sentado ao longe observando o fogo consumindo os restos mortais da pequena menina Tirá.

Uma grande barraca é montada na areia da praia, agora os novos amigos esperam que Rodrigo sinta-se capaz de seguir viagem a Alexandria.

Outros tantos peregrinos juntam-se a Rodrigo e Felipe com destino a Alexandria, todos estão em busca da menina Catarina.

Por algum tempo ele pensa em Tirá, mas lembra-se das palavras de Daniel que o alertou das perdas; seu coração se conforma em saber que ela continua viva na vida eterna e provavelmente está com seus pais e com o amigo e amado Conde Jorge.

Lembra-se também do abraço de Jorge e reflete sobre sua aparição, chegando à conclusão de que Jorge estava ali para buscar Tirá.

Muito triste, mas conformando-se, Rodrigo dorme um sono profundo.

Catarina de Alexandria

"É obrigação de todos edificar os demais com uma vida boa, santa e honesta". Devemos suportar tudo, porque o sofrimento é pequeno e a recompensa é grande. Por amor Deus os criou, sem amor não podeis viver. A amizade, cuja fonte é Deus, não se esgota nunca. Jovens, se fores aquilo que Deus quer colocareis fogo no mundo. Só tu és o Amor, somente digno de ser amado! A providência divina jamais falta ao homem em nada, sob a condição de que ele a aceite. A pessoa que sofre compartilha mais as dores dos outros do que aqueles que nada padecem. A amizade cuja fonte é Deus, nunca se esgota.

Catarina de Alexandria

Catarina de Alexandria, também conhecida como "A Grande Mártir Catarina", foi uma cristã, nascida pagã, na cidade egípcia de Alexandria, filha do rei local, Costes. Estudou filosofia, teologia e outras ciências. Além de muito inteligente e culta, era dotada de singular beleza.

Catarina viveu no tempo da cruel perseguição de Diocleciano aos cristãos. No Egito, a perseguição alcançou tal nível de crueldade que até os pagãos se compadeciam dos cristãos e procuravam ajudá-los.

Catarina foi instruída na fé cristã por um ermitão de nome Ananias, que a batizou. Ela começou a sofrer na própria pele a perseguição quando Maximino Daia, encantado por sua beleza, apaixonou-se por ela a ponto de divorciar-se apenas para se casar com ela. Mas Catarina o rejeitou. Inconformado, o imperador romano convocou cinquenta filósofos com a missão de convencer Catarina de que jamais poderia considerar Deus um homem que havia sido morto e crucificado.

Entretanto, Catarina, que tinha apenas dezessete anos, fazendo uso de sua inteligência, de seus conhecimentos filosóficos e, sobretudo amparada na sua fé, reverteu a situação e terminou por convencer e converter ao cristianismo os cinquenta filósofos.

Rodrigo e Felipe afastam-se do grupo de peregrinos, e juntos, buscam encontrar Catarina; muitas pessoas se aglomeram próximos à residência da menina, na esperança de ouvirem suas palavras e a tocarem.

Ramon os acompanha até a entrada de Alexandria e mostra a Rodrigo e Felipe a linda casa onde Catarina mora.

– Amigo Rodrigo, daqui me despeço. Deixo contigo toda a minha gratidão e peço teu perdão pela perda de sua irmã.

– Amigo Ramon, agora compreendo as palavras de meu mentor, quanto à minha perda. Agradeço-te a amizade, e em breve volto à sua casa para pegar meus cavalos.

– Estarei te esperando.

Ambos se abraçam despedindo-se.

– Felipe, dá aqui um abraço no amigo Ramon.

– Adeus, amigo!

– Adeus, Felipe!

Rodrigo então chama Felipe a seguirem viagem.

– Venha, Felipe, vamos por aqui, vi alguns empregados da casa passarem.

– Como chegaremos perto da moça?

– Confie, vamos em frente!

Próximo a ele um senhor caminha puxando dois burros e um cavalo carregados de alimentos.

– Senhor, seu cavalo está a mancar – diz Rodrigo.

– Não sei o que aconteceu a este animal, vinha bem e de repente começou a mancar.

– Posso olhar? – pede Rodrigo.

– Sim! Claro, pode sim.

Abaixando-se Rodrigo toma sobre si a pata dianteira do animal e a põe sobre seu joelho direito.

– Ele está com espinhos na pata, vou tirar, espere!

Sentando-se no chão, Rodrigo tira da cintura um canivete e começa a tirar os espinhos da pata do animal; logo termina o serviço e acaricia o cavalo que relincha agradecendo o carinho e o amor do encantador de animais.

– Obrigado, Jovem!

– De nada, senhor!

– Qual o seu nome?

– Rodrigo.

E puxando pela camisa, o amigo o apresenta ao pobre homem.

– E este é meu amigo, Felipe.

– Obrigado, rapazes, o que fazem aqui?

– Queremos ver e menina Catarina.

– Todos que estão aqui querem ver a menina. O que querem com ela?

– Gostaríamos de ouvir suas palavras, dizem ser uma pregadora de Jesus.

– Tenham cuidado com as palavras; vocês, cristãos, estão a ser perseguidos pelo imperador.

– Sim, sabemos, mas confiamos em Deus – disse Rodrigo, ainda com as mãos sobre o animal.

– Pronto, senhor, seu cavalo já está bem, podes seguir seu caminho, mas vá devagar.

Surpreendentemente o amigo faz um convite a Rodrigo.

– Venham comigo, estou indo à casa de Catarina para entregar alimentos, finjam serem meus ajudantes.

– Podemos fazer isso? – pergunta Felipe, assustado.

– Sim, claro que sim; sou muito conhecido e sou amigo da família de Catarina.

– Obrigado, senhor, Deus seja louvado!

– Fiquem quietos e venham comigo.

– Sim, senhor. Qual o seu nome?

– Chamo-me Acácio.

– Obrigado, senhor Acácio – agradece Rodrigo.

– Venham e finjam que são meus empregados.

– Sim, pode deixar.

Rodrigo pega a rédea de um dos burros que está carregado de alimentos, dois sacos de feijão e açúcar.

O outro animal que transporta legumes e frutas é entregue a Felipe.

Muito cansados, os animais caminham lentamente em direção ao portão dos fundos da residência de Catarina.

A casa onde Catarina mora é rodeada por muros altos e portões de madeira maciça de cor cinza, que dão total segurança à residência. Ao longe observa-se uma grande palmeira na parte frontal da casa.

As janelas longas acortinadas dão ao lugar uma sensação de luxo e beleza incomparáveis, destacando-se das demais residências próximas.

Acácio já é um velho conhecido da família, e chegando ao portão lateral do castelo onde só entram funcionários, é recebido por Nina, melhor amiga de Catarina.

Após bater no portão por diversas vezes, é recebido por Nina.

– Bons-dias senhor Acácio!

– Bons-dias, Nina!

Logo o olhar de Felipe brilha ao ver aquela doce menina aparentando dezenove anos. Seu coração dispara e ele tenta disfarçar, mas todos percebem que algo não está bem com o rapaz. Moça de cabelos ruivos, olhos grandes e amendoados, dentes brancos e perfeitos, lábios sensuais e carnudos, pele clara. Uma beleza rara vestida com um lindo vestido azul-claro e muito simpática. Pequenas sardas em seu rosto a diferenciam das demais damas já conhecidas por Felipe.

Espantada e percebendo a reação de Felipe, Nina disfarça, perguntando-lhes:

– Trouxeram os alimentos da semana?

– Sim, Nina – diz Acácio.

Apressadamente Rodrigo intervém.

– Com licença, senhorita! Podemos entrar com os alimentos?

– Sim, senhores, podem entrar! Deixem tudo na despensa, por favor.

Afastando-se da porta, Nina cede caminho aos visitantes.

– Obrigado, senhorita — diz Acácio. — Estes são meus ajudantes, Rodrigo e Felipe.

– Sejam bem-vindos senhores! Podem entrar.

– Obrigado.

– Senhorita, posso arrumar os alimentos nas prateleiras?

– Sim, senhor Felipe, pode arrumar.

– Rodrigo ajude-me aqui com essa sacola?

– Quem são estes?

Catarina aparece inesperadamente na ala dos empregados, estava à procura de Nina.

– Bons-dias, Catarina!

– Bons-dias, senhor Acácio!

– Perdoe-me, senhorita! Esses são meus amigos e ajudantes que estão a arrumar os alimentos na despensa.

Sem mesmo olhar para Rodrigo e Felipe, Catarina toma Nina pelo braço a puxá-la para outro cômodo da casa.

– Venha, Nina. Preciso falar-lhe!

Jovem, alta, de cabelos presos, formando um penteado tradicional, pele branca, olhos negros e lindos, olhar intenso e personalidade forte. Assim é Catarina.

– Senhorita! Senhorita!

– Sim!

– Gostaria de falar-lhe, sou cristão!

– Qual o seu nome?

– Chamo-me Rodrigo.

– Diz-se cristão, mas parece um cigano.

– Sim, sou um cigano cristão, que mal há nisso?

– Nenhum, só achei engraçado, desculpe-me.

– Não tem de que se desculpar, Catarina.

– Senhorita, estou vindo de muito longe para encontrá-la.

– Vens de onde?

– Venho da Capadócia!

– E por que me procura?

– Um Anjo mandou que lhe procurasse e estivesse perto de ti.

– Como assim?

– Tenho um Anjo que por vezes aparece para mim, seu nome é Daniel. Ele é quem orienta minha caminhada: mandou-me para a Capadócia para acompanhar o martírio de Jorge, fiquei com ele até o fim e saímos fugindo dos soldados que o mataram. Aí o Anjo mandou que eu viesse até Alexandria e ficasse próximo a ti.

Assustada, Catarina muda sua fisionomia, franzindo a testa com olhar curioso sobre essas revelações.

– Rodrigo, não sei o que lhe falar. Acredito em Deus e em um Jesus verdadeiro, prego a palavra desses que também guiam meus caminhos, e tenho enfrentado uma batalha sem fim pela palavra do Senhor, que não desistirei de ensinar e divulgar.

– Venham conosco, pois certamente precisaremos de homens fortes como vocês.

– Será uma honra acompanhá-la, senhorita.

– Acácio, meu amigo, muito obrigada.

– De nada, senhorita Catarina, tome cuidado.

– Obrigado.

– Rodrigo, leve estes burros com vocês para carga da senhorita.

– Obrigada, amigo Acácio! Mas temos os animais da propriedade.

– Vão, fujam logo! – diz Acácio.

– Venha, Nina, vamos pegar nossas coisas! Temos ainda esta noite, pois falei ao imperador que me apresentaria amanhã no castelo.

Catarina, Nina, Rodrigo e Felipe esperam pela noite para saírem sem ser percebidos pelos guardas que estão pelas ruas de Alexandria.

– Nina, leve Rodrigo e Felipe e peça a Marcos que cuide de ambos, até que a noite chegue e possamos partir.

– Pode deixar, Catarina, que cuido de nossos amigos pessoalmente.

– Perdoe-me, senhorita, mas como assim?

– Jesus aparece para falar comigo, e orienta-me a vida.

Emocionado, Rodrigo olha no lindo rosto angelical da menina Catarina.

– O que houve, cigano?

– Perdoe-me, Catarina, mas estou emocionado.

– Deixa de bobagens, você não fala com anjos?

– Sim, mas não com Jesus!

Nina e Felipe trocam olhares de amor e carinho durante toda a noite.

– Rodrigo, está tudo pronto?

– Sim, Nina!

– Logo sairemos!

– Estamos prontos, assim que quiserem, sairemos.

– Obrigado, estou esperando Catarina, que está com seus pais em conversa secreta.

– Não se preocupe, assim que estiverem prontas, partiremos.

Fascinado por seus encantos e beleza, o imperador Maximino Daia procurou divorciar-se de sua esposa para casar-se com Catarina.

Diante de sua recusa, ele convocou cinquenta sábios com o objetivo de convencê-la de que Jesus não tinha poderes de modo a fazê-la desistir de sua fé.

Após o jantar, Nina, Rodrigo e Felipe estão a descansar na grande varanda frontal do castelo.

Logo Rodrigo ouve batidas no portão, e ao verificar do que se tratava, volta correndo ao encontro dos amigos.

– Nina! Nina!

– Sim, Rodrigo!

– Há soldados nos portões!

– Meu Deus, soldados?! O que faremos?

– Não tens aqui uma saída secreta?

– Não!

– Estão a bater no portão chamando por Catarina.

– Não abra, vou falar com a senhora Sabinela, esperem.

Apavorada, Nina entra no castelo e vai correndo ao encontro de Catarina e sua mãe.

– Catarina, há soldados nos portões da propriedade e insistem em entrar.

– Calma, Nina, eu vou falar com eles.

– Não faça isso, minha filha! – diz a senhora Sabinela.

– Querida mãe, esse é meu destino, não fugirei de conversar com os sábios.

– Não vá, Catarina! – diz Nina.

– Nina, minha companheira e amiga, não refutarei minha missão.

– Senhora Sabinela, faça alguma coisa! – exclama Nina, apavorando-se.

– Minha filha é seguidora de Jesus e ele não a abandonará nesta hora. Só me resta orar a Jesus para proteger minha filha.

– Venha, Nina, vamos comigo até o portão!

– Minha amiga, não faça isso! Por favor, não faça isso, esconda-se que daremos uma desculpa qualquer.

– Fique tranquila, Jesus está comigo.

Caminharam lentamente até o portão principal. Rodrigo e Felipe nada puderam fazer. Catarina estava determinada a se entregar aos soldados do imperador.

– Agora vocês se escondam, não quero problemas para meus amigos.

Todos a abraçaram e seguiram a esconder-se dos soldados que não os procuraram, pois estavam ali para buscar a menina Catarina.

Chorando muito os três ficam a observar os soldados que vieram buscar Catarina.

O soldado transmite a Catarina as ordens do imperador.

– Senhorita Catarina, o imperador mandou prendê-la no cárcere até que viessem os cinquenta maiores sábios do mundo e a humilhassem por causa da sua argumentação aparentemente simples.

– Podem me levar.

Catarina é colocada na carruagem que aguarda a todos no portão central do castelo.

Catarina é levada ao imperador que, furioso, a maltrata.

Quando chegaram, os sábios riram-se do imperador por tê-los convocado para contra-argumentar com uma simples garota.

Porém, o imperador os advertiu que, se conseguissem convencê-la, ele os presentearia com os melhores bens do mundo; mas se não conseguissem, ele os condenaria à morte.

Catarina foi tão plenamente sábia nas suas argumentações que mesmo perante esta ameaça os sábios não conseguiram convertê-la aos ídolos. Pelo contrário, vencidos pela eloquência de Catarina, converteram-se a Cristo Jesus.

Frustrado, o imperador mandou prender e torturar Catarina na masmorra.

Visitada na prisão pela esposa do imperador e pelo chefe de sua guarda, Catarina os converteu, fazendo o mesmo com inúmeros soldados.

Mais enfurecido ainda, o imperador mandou assassinar os sábios e sua esposa, lançou os guardas aos leões no Coliseu e condenou Catarina a morte lenta na roda (instrumento de tortura que mutilava e causava grande sofrimento).

Mas quando foram amarrar Catarina na roda, ela fez o sinal da cruz e a roda quebrou.

Ao determinar sua execução, apareceu-lhe o Arcanjo Miguel para confortá-la e Catarina rezou suplicando que, em nome do seu martírio, Deus ouvisse as orações de todos aqueles que a Ele recorressem e que tudo obtivessem por Sua intercessão. Por fim, Catarina de Alexandria morreu decapitada.

Rodrigo e Felipe assistem a tudo escondidos entre a multidão que acompanhava o martírio da menina Catarina de Alexandria.

Após todo o sofrimento de Catarina, Rodrigo e Felipe voltam ao castelo.

– Nina, infelizmente não nos foi possível interceder no martírio de nossa Catarina.

– Estou muito triste, Rodrigo.

– Não fique assim. Como sabes, não morremos, apenas mudamos da forma física para a espiritual. Precisamos pegar os restos mortais de nossa querida amiga.

– Um dos guardas que Catarina converteu está a nos esperar para pegarmos os restos dela.

– Como você conseguiu isso?

– Disfarçado entre nós na multidão que assistia ao massacre da pobre menina indefesa, havia um homem chamado Porfírio, na verdade um general que estava muito triste e aborrecido com os acontecimentos e a morte de Catarina. Disse-me ter sido convertido por ela e que agora seguirá pelo mundo afora pregando os ensinamentos dela.

– Vamos então fazer isso? – pergunta Felipe.

– Sim, Felipe. Apronte a carroça, porque assim combinei com ele, de estarmos no portão à meia-noite, e ele vai me dar o sinal. Daí eles vão nos entregar o corpo de nossa amiga.

– Sim, Rodrigo, vou buscar a carroça e encontro vocês na porta lateral do castelo.

Rodrigo, Nina e Felipe seguem ao encontro de Porfírio. E após esperarem por duas horas, dois soldados trazem para eles um saco azul com os restos de Catarina.

– Senhor e senhorita, aqui estão os restos da menina.

– Obrigado, soldado! Qual o seu nome?

– Getúlio! Porfírio pediu-me que lhe entregasse os restos mortais da menina Catarina.

– Obrigado, Getúlio, Deus lhe pague!

– Saiam logo daqui!

O corpo mutilado de Catarina estava em um saco de lona azul. Com muito cuidado, Rodrigo e Felipe põem-no na carroça e camuflam-no com feno. Seguem a procurar um local seguro para descanso e decidirem o que fazer.

– Para onde vamos, Rodrigo?

– Ainda não sei. Não podemos voltar ao castelo de Catarina, pois é o primeiro lugar que vão procurar pelo corpo dela, assim que derem por falta.

– Sim, lá não é seguro – diz Felipe.

– Nina, sabes onde podemos encontrar Acácio?

– Sim, sei.

– É seguro encontrarmos com ele?

– Sim, ele nos dará abrigo.

– Boa ideia, Rodrigo! Vamos à casa de Acácio.

– Então vamos procurá-lo. Vamos aguardar o próximo contato de seu mentor e, quem sabe, seremos orientados ao que fazer com os restos mortais da menina Catarina.

– Sim, vamos – disse Felipe.

– Eu ainda não sei o que devemos fazer – diz Rodrigo.

– Como assim? – pergunta Nina.

– Nina e Felipe, quando vim para Alexandria, já sabia de tudo o que iria acontecer a Catarina. Meu anjo me deu a missão de estar próximo dela em seu martírio.

– Você já sabia de tudo, Rodrigo? – pergunta Nina.

– Sim, Nina, já sabia.

– E quem é esse seu Anjo?

– Ele se chama Daniel, e guia-me por esta vida.

– Se for assim, assim o faremos.

Após algumas horas fugindo das armadas organizadas pelos soldados, finalmente chegam à casa de Acácio.

Batem à porta com pancadas suaves para não despertar o interesse dos vizinhos.

– Quem bate à minha porta?

– Sou eu, Nina.

Acácio abre a porta com cuidado para que seus familiares não vejam Nina.

– Senhor Acácio, boas-noites!

– Nina! Entrem, há soldados por todos os lados.

– O que houve? Por que estão aqui?

– Temos o corpo de nossa amiga Catarina e precisamos de repouso até amanhã, quando partiremos.

– Pobre menina! Assassinada e degolada pelo monstro, nosso imperador.

– Sim, estamos muito tristes com o acontecido, mas Catarina se recusou a fugir conosco.

– Ela sabia de sua missão. Venham, vou acomodá-los em meu estábulo; lá é seguro e confortável.

Acácio os conduz ao pequeno estábulo, onde ficam seus animais. Ali todos descansam acomodados no feno espalhado pelo chão, onde repousam. O amigo lhes traz comida e água.

– Vamos descansar, vou orar a meu Anjo – diz Rodrigo.

– Obrigado, amigo, por sua amizade fiel.

– Nina, como te falei, vim por orientação de Daniel. Agora vá descansar que logo partiremos.

– Felipe, meu amigo, descanse!

– Mas o que faremos com os restos de Catarina?

– Ainda não sei. O que sei é que deveria pegar os restos mortais dela, vamos esperar por orientações do plano maior.

– Obrigado, Rodrigo, façamos isso.

– Descansem, vou alimentar os animais.

– Está bem, Rodrigo.

Afastando-se dos amigos, Rodrigo acaricia os animais. Acácio recolhe-se em sua casa enquanto Nina e Felipe dormem.

Rodrigo põe-se em oração invocando seu Anjo para orientá-lo no caminho a seguir. Cansado, ele dorme sobre a carroça ao lado dos restos de Catarina.

– Acorde, Rodrigo!

– Acorde!

– Sim, Daniel.

Uma densa névoa cobre todo o lugar.

– Rodrigo, eu sei que sua vida não tem sido fácil, mas esse sofrimento é necessário para seu próprio bem; fique tranquilo que Tirá já está conosco nas esferas superiores da espiritualidade, não sofra. Agora tu tens que levar os restos de Catarina para o mosteiro da transfiguração, para o topo, o pico mais alto da Península do Sinai. Lá, encontrarás uns monges, entregue o corpo de Catarina para eles. Não se preocupe com sua segurança e a dos demais, estamos a guiar vossos caminhos.

– Daniel, muito me tens dito e orientado, mas não compreendo por que tanto sofrimento em minha vida. Minha mãe, meu pai e minha adorável irmã partiram para a vida eterna, e eu estou aqui em missões que pouco compreendo, mas com resignação e sem argumentar-te, cumpro-as com amor, dedicação e lealdade. Quando será que repousarei em berços de paz e felicidade e poderei reencontrar aqueles que tanto amo?

– Querido Rodrigo, esta é uma vida que escolhestes quando saístes de perto de nós; sua missão é honrosa e digna, suas perdas são perdas físicas, já que não possuis bens materiais. A felicidade está em Hosana que te espera, termine o que tens a fazer e volte para os braços de sua amada.

– Farei, Daniel, obrigado – posso te perguntar uma coisa?

– Sim, claro que pode!

– Como está Tirá?

– Está junto a seu pai, sua mãe e feliz ao lado de Jorge. Pediu-me para tranquilizá-lo e desejar-te sorte em sua nobre missão.

– Obrigado, Daniel! Fico mais tranquilo sabendo que ela está bem.

– Agora durma! Durma!

Rodrigo, com o coração em paz, dorme o sono profundo.

Ao amanhecer...

– Acorde, Rodrigo!

– Sim Nina. Perdoe-me, estava muito cansado.

– Felipe foi buscar nosso desjejum. Vamos, enquanto ainda é cedo.

– Sim, vou aprontar tudo. Partiremos logo.

– Para onde iremos com o corpo de Catarina. Já sabes?

– Iremos para o Monte Sinai, é lá que deixaremos seus restos com os monges.

– Seu Anjo falou?

– Sim, ele apareceu-me nesta noite e nos orientou a fazer assim.

– Se for isso que temos que fazer, faremos – diz Nina.

Após o desjejum Acácio lhes entrega alimentos para que sigam viagem até o Sinai.

– Obrigada, Acácio! Você realmente é um Anjo em nossas vidas – diz Nina.

– Rodrigo eu sempre amei a menina Catarina, espírito de muita luz do nosso Senhor Jesus sobre a terra. Isso é o mínimo que eu poderia fazer por ela.

– Obrigado Acácio você realmente é um anjo em nossas vidas. - diz Nina.

– Agora sigam o destino de vocês.

– Obrigado, amigo – diz Felipe.

Logo se põem a caminho do Sinai.

Passando por vilas e estradas vazias evitando o encontro com os soldados do imperador eles finalmente chegam ao seu destino.

Ao chegarem, um grupo de monges os aguardava.

– Senhores, viemos entregar-lhes os restos de Catarina de Alexandria.

– Estamos a esperar, irmão.

– Obrigado e cuidem bem dela.

– Podem deixar, já fomos orientados sobre o que fazer.

Rodrigo, Nina e Felipe despedem-se dos monges e descem as estradas até a parte mais baixa e deserta do Sinai.

– Terminamos nossa tarefa, o que faremos agora, Rodrigo? – pergunta Nina.

Fitando o céu após alguns minutos, Rodrigo responde aos amigos:

– Felipe, siga com Nina para a residência de Sabinela e informe-a de que trouxemos os restos de Catarina para o mosteiro da transfiguração na Península do Sinai.

Tomando as mãos de Nina carinhosamente e olhando-a fixamente, Rodrigo põe-se a falar:

– Nina, não sou muito bom em despedidas, mas guardarei para sempre esta lembrança em meu coração.

– Você é um Anjo de Deus que deve seguir em frente. Seja feliz!

Com os olhos lacrimejados, Nina segura as mãos de Felipe.

Aproximando-se de Felipe, Rodrigo o cumprimenta por tão nobre missão.

– Amigo Felipe, cuide de sua vida, seja justo e bom. Querias vir para esta região, aqui estás. Cuide-se e seja feliz!

– Obrigado, amigo Rodrigo por tudo!

Abraçando-se calorosamente, os três amigos despedem-se entre amigos eternos.

– E tú, Rodrigo, para onde vais?

–Voltarei aos meus cavalos Hió e Jortam, e aos braços de Hosana. Seguirei sempre em frente com Jesus em meu coração. Nunca sem antes, encontrar-me com as saudades que guardo em meu peito...

* * *

Após alguns anos, Rodrigo finalmente consegue reencontrar o local que um dia havia servido de acampamento para a tribo comandada por seu pai, Ruí. Ao chegar e avistar que o local estava profundamente transformado, Rodrigo ficou extremamente emocionado. O lugar que abrigou o acampamento e que, ao final do massacre cigano estava encharcado com o sangue de seus melhores amigos, havia se transformado em um lindo campo de rosas vermelhas brilhosas e viçosas que bailavam ao suave vento sob o sol da Capadócia.

Rodrigo cavalgou lentamente até o meio do roseiral, desceu de seu cavalo e procurou pela urna que continha as cinzas de Tirá. Preso a rédea de seu amado cavalo Hió, estava o pote com suas cinzas. Rodrigo ergueu os braços para que as cinzas fossem levadas carinhosamente pela ventania serena que cumpriu o papel de espalhá-las por sobre as belas rosas perfumadas. Rodrigo então ajoelhou-se e ergueu as mãos aos céus; chorou copiosamente em memória de Tirá, do amado pai e dos demais amigos ciganos que haviam perdido a vida naquele solo. Orou em lágrimas pedindo perdão a seu pai pela morte da irmã que não foi capaz de evitar. A saudade invadiu a sua alma cigana e então ele se recorda dos momentos vividos ao lado de Manuel, do seu pai e da sua irmã tão amada. E nesse momento em que Rodrigo se curva ajoelhado-se e chora emocionado, uma leve brisa balança silenciosamente o roseiral, exalando um perfume indescritível que tomou todo o lugar. Os espíritos de Daniel, Ruí e Jorge estavam em volta do corpo curvado de Rodrigo e erguiam suas mãos sobre sua cabeça abaixada. Derramaram então uma luminosa onda de fluídos sobre o cigano Rodrigo, que, ao sentir esse fluxo de vibrações, ergue seu rosto aos céus e agradece aos prantos.

Ao longe, sobre Jortam, o lindo cavalo branco de Jorge, Hosana não contém as lágrimas ao ver seu amado aos prantos, e chora compulsivamente pela dor da saudade do seu amado, Rodrigo. Logo ela sente em seu ventre, doces movimentos de uma linda criança cigana que está por vir.

Seus lindos cabelos negros voam aos ventos perfumados da Capadócia.

Fim

Nota

Sinto-me privilegiado em conhecer um pouco da história do meu mentor espiritual. Desde menino, sempre me disseram que um espírito muito iluminado me protegia. Nunca imaginei ser esse espírito o cigano Rodrigo.

Esta ligação, que agora passo a compreender melhor, vem de outras vidas, como o livro nos revela.

Após desenvolver minha mediunidade, tive a grata informação de ser ele meu mentor e amigo inseparável.

Após trinta anos de mediunidade ativa, trabalhando em prol de meus semelhantes, incorporando essa entidade que a muitos vêm auxiliando, hoje recebo essas linhas que contam um pouco de suas muitas vidas na Terra.

Fiquei e fico muito emocionado com cada linha deste livro que mostra a inabalável fé de um espírito em busca de sua evolução e na certeza da vida futura.

Cada momento vivido por ele nos mostra que o caminho a seguir é o caminho da aceitação das leis divinas e do amor aos nossos semelhantes.

Sigamos, queridos irmãos, estes ensinamentos e nos elevemos aos olhos do Cristo Jesus.

Obrigado do fundo de meu coração ao cigano Rodrigo.

Osmar Barbosa

Mensagem destinada ao Osmar Barbosa
e que foi recebida por um membro do
Corpo Mediúnico da Fraternidade
Espirita Amor & Caridade.

Irmão,

Tu és a estrada dos aflitos que buscam o caminho da paz espiritual. Tu foste um guerreiro sofredor. Venceste batalhas e conseguiste sair do abismo que tiveste. Saibas que és tão mais importante do que tu és, pois tua vida sempre foi de provações e por isso continuas a progredir no caminho espiritual. Tu és a luz que brilha na escuridão sem precisar sacrificar o teu corpo, que é simplesmente usado para assistência divina na Terra. Espírito encarnado, tu és tudo o que um dia quis ser, um anjo guardião terrestre. Muita luz em teu caminho.

Do amigo André Luiz.

*Mensagem psicografada pela médium
Alessandra Santos.*

BOOK
ESPÍRITA
EDITORA

BOOK ESPÍRITA EDITORA

Esta obra foi composta na fonte Times New Roman corpo 12.

Rio de Janeiro, Brasil, outono de 2016.